INGLÉS
PASO A PASO CON
VAUGHAN
EL INGLÉS EFICAZ

Autores: Richard Vaughan, Richard Brown, David Waddell, Siobhan O'Connor, Nick Keyte, Álvaro Martino, Annie Casasús, Carmen Vallejo, Víctor Sanabria, Lucía Fraile y Paul Merrett

Concepto original: Siobhan O'Connor y Richard Brown

Edición y coordinación del proyecto: Annie Casasús

Edición del castellano: Elena Araújo

Dirección del proyecto: Richard Brown

Diseño y maquetación: ZAC diseño gráfico

Ilustraciones: Sandra Aguilar

ISBN: 978-84-92879-89-2

Dep. Legal: M-10106-2013

Imprime: Macrolibros

20

3 NIVELES:

BÁSICO
INTERMEDIO
AVANZADO

SÍMBOLOS

A lo largo de este libro irás encontrando símbolos que incidirán en diversos aspectos del inglés y te ayudarán a mejorar tu experiencia por este arduo camino. A continuación te damos una breve descripción de cada uno de ellos:

PRONUNCIACIÓN

En Vaughan prestamos especial atención a la correcta pronunciación, y la trabajamos considerándola desde la perspectiva del no nativo. Por este motivo hemos creado un sistema que utiliza la fonética castellana para aproximarse lo más posible a la pronunciación inglesa. Asimismo verás que utilizamos una tilde para indicar dónde recae el énfasis de la palabra. Por ejemplo, ***"disprove"*** se pronunciaría **/disssprúuvvv/**. Desde luego hay gran variedad de acentos ingleses y no existe un único acento 'correcto'. Sin embargo, en nuestros libros nos ceñimos a una pronunciación inglesa que consideramos 'neutral'.

ASPECTOS CLAVE

Siempre que veas este símbolo te estaremos señalando aspectos clave del inglés que debes aprender y memorizar ya que son necesarios para consolidar tu aprendizaje. Por eso, párate y dedica unos minutos a asimilar los conceptos que aquí te presentamos.

INFORMACIÓN ADICIONAL

En estos puntos te ofrecemos información y curiosidades adicionales del idioma que, no siendo imprescindibles, te permitirán ir un paso más allá y enriquecer tu inglés.

ERRORES COMUNES

¡No des un paso falso! Éste será el espacio reservado para tratar aquellos errores comunes y recurrentes que cometen los no nativos cuando hablan inglés, y que suponen un agravio para nuestros finos y delicados oídos. ¡Vaya manera de pisotear nuestro idioma! ¡Te daremos todas las pistas para que tú no seas uno de esos que tropieza una y otra vez en la misma piedra!

RETO

Este símbolo te informa que ha llegado el momento de ponerse a prueba. Saca tu cronómetro y realiza el ejercicio que te proponemos a la mayor velocidad posible. Actualmente la mayoría de los móviles tienen un cronómetro, ¡así que no tienes excusa!

REPASO CONTINUO

Si lo que deseas es hablar bien inglés, ¡el repaso continuo es un paso esencial que no puedes olvidar! El aprendizaje de un idioma require almacenar muchos datos en la cabeza y reproducirlos de forma inmediata siempre que sea necesario. ¡Nosotros vamos a ayudarte en esa tarea! De vez en cuando te pondremos a prueba sobre cosas que ya hemos visto ¡y tendrás que responder tan rápido como puedas!

PASO A PASO

Inglés Paso a Paso con Vaughan es un curso hecho a medida para ti que te llevará de la mano por todas las ramas de nuestro idioma, desde lo más básico hasta lo más complejo. Iremos motivándote durante todo el camino, dándote una plétora de consejos para consolidar tu aprendizaje en cada instante. **Paso a paso.**

En cada nivel de cada libro hay diez pasos a seguir. Hay pasos sobre gramática pura, pasos para enriquecer tu vocabulario, pasos para afinar tu pronunciación, pasos para limar errores o rellenar lagunas, y pasos para repasar lo ya visto. Todo presentado de forma amena para que vayas asimilando el aprendizaje de manera consolidada. Poco a poco. **Paso a paso.**

Empezaremos con lo más básico, trabajando cada concepto a fondo hasta que llegues a interiorizarlo para que forme parte de tu inglés activo. Siempre te recordaremos la importancia de no avanzar a un concepto nuevo hasta que hayas afianzado el anterior. La paciencia es tan importante como el esfuerzo continuo. **Paso a paso.**

Trabajaremos la pronunciación a tope desde nuestro sistema fonético, hecho a medida para ti para que llegues a aproximarte lo máximo posible a una buena pronunciación, pero siempre dándote indicaciones adicionales sobre qué tienes que hacer en cada momento con la lengua o boca. **Paso a paso.**

¿Cómo abordar este curso?

- La clave del éxito está en la perseverancia. Si pretendes adquirir un buen nivel de inglés en poco tiempo, estás muy equivocado. Hacerse con otro idioma requiere tiempo, constancia y esfuerzo. Con dedicarle **20 minutos al día TODOS LOS DÍAS DE LA SEMANA**, es suficiente como para notar grandes progresos.
- Primero escucha el audio, una sola pista. Luego lee el texto correspondiente en el libro y practica los ejemplos siempre **EN VOZ ALTA**. Luego vuelve a practicar con el audio todas las veces que sean necesarias hasta que domines la estructura presentada tanto desde el punto de vista oral como auditivo.
- El repaso continuo constituye una parte integral del curso, pero por encima de eso recomendamos enérgicamente que repases todas las lecciones o *Pasos* anteriores con frecuencia. Cuanto más mejor.

Esperamos que disfrutes aprendiendo mi idioma tanto como nosotros disfrutamos enseñándolo. Sólo nos queda desearte muchísima suerte con el inglés, recordando siempre que la suerte se labra. Al final, todo depende de ti. ***Good luck!***

Richard Vaughan

nivel **básico**

¡Qué bodrio!

Se trata de una no muy conocida anécdota futbolística: un entrenador extranjero fue fichado por uno de los más importantes y prestigiosos clubes del fútbol inglés. En su primer día de trabajo convocó a toda la plantilla y empezó a dar un discurso detallando su gran visión estratégica para el equipo en cuestión. Aunque chapurreaba inglés, más mal que bien hay que decirlo, desde sus días de jugador, decidió optar por un traductor simultáneo en forma de un jugador compatriota.

El discurso empezó, se deterioró y se prolongó. El pobre traductor, agotado tras una hora de intensa actividad cerebral, tuvo no obstante la energía suficiente y la picardía de traducir la última conclusión (porque había varias conclusiones) de la siguiente manera: **"Y con estas palabras concluyo el discurso futbolístico más aburrido de la historia"**.

En este mismo instante el míster perdió, de forma irreparable, la confianza de sus jugadores, todos muertos de risa. No hace falta que mencione que no duró mucho en el equipo.

Si no conectas con tus interlocutores, no te comunicas con ellos. Seguramente si este profesional hubiese hablado tan sólo cinco minutos en su inglés atroz, habría ganado más respeto de sus jugadores aunque sólo le hubiesen entendido a medias.

Los idiomas existen para comunicar. Que lo hagas bien o mal, no es lo más importante. Lo importante es intentarlo.

Lo que vas a ver en el nivel básico...

1

Preguntas que empiezan con ***"why"*** + el verbo ***"to be"***.

2

Preguntas que empiezan con ***"why"*** + el auxiliar ***"do"***.

3

La pronunciación correcta del verbo ***"to love"***.

4

Por primera vez, vamos a poner a prueba tu agilidad verbal en general.

5

En la sección de vocabulario veremos adjetivos para describir distintos estados.

6

Complementos directos e indirectos.

7

Las expresiones enfáticas: ***"Seriously?!"***, ***"You're joking!"*** y ***"Really?!"***.

8

Error común: decir *"think in"* en lugar de ***"think about"***.

9

Una conversación típica del mundo anglosajón.

10

Un buen **rePaso** de todo el nivel.

¡OJO!

Un error común que cometen algunos alumnos es el de traducir la frase: **'¿Por qué estás llorando?'** de forma directa, es decir *"Why you are crying"*, que en realidad no es una pregunta sino una afirmación incompleta. Recuerda que ***"why"*** va seguido del verbo ***"to be"*** en preguntas de este tipo y se dice: ***"Why are you crying?"***.

PRONUNCIACIÓN

Evita pronunciar ***"why"*** así: /guay/. Se pronuncia **/uay/** sin rastro de 'g'.

1

SABER MÁS

Aunque **'mirar'** sea *"to look"*, cuando mencionamos lo que miramos, añadimos la preposición *"at"*. Por ejemplo: **'mírame'** sería ***"look at me"*** y nunca *"look me"*.

¡Pon el CD!
Pista de audio
1

Gramática I

Preguntas: Why?

En este primer *Paso* de este libro, te presentamos a *"why"*, **'por qué'**, cuando se usa en preguntas. Nos centraremos en preguntas con *"why"* en el presente continuo.

Haz el esfuerzo de conjugar correctamente en todo momento el verbo *"to be"* al trabajar las frases que te esperan en la siguiente página:

"Why"	+	verbo *"to be"*	+	sujeto	+	verbo *"ing"*	?
Why	+	am	+	I	+	crying	?
Why	+	are	+	you	+	crying	?
Why	+	is	+	he	+	crying	?
Why	+	is	+	she	+	crying	?
Why	+	is	+	it	+	crying	?
Why	+	are	+	we	+	crying	?
Why	+	are	+	you (plural)	+	crying	?
Why	+	are	+	they	+	crying	?

En el siguiente ejercicio, tapa la columna derecha, lee las frases en la columna izquierda, y formula en cada caso la pregunta con la que se obtendría la frase en cuestión, empezando con *"why"*. Por ejemplo, si lees la frase *"They're talking"*, **'Están hablando'**, pregunta: *"Why are they talking?"*, **'¿Por qué están hablando?'**. Recuerda que *"why"* siempre irá seguido del verbo *"to be"*. Después de formular cada pregunta comprueba qué tal lo has hecho.

They're studying.	**Why?**	**Why are they studying?**
We're looking at you.	**Why?**	**Why are you looking at me?**

No digas *"we're looking you"*. Falta la preposición ***"at"*** en esta frase. Di siempre ***"we're looking at you"***.

Andrew's reading your letter.	**Why?**	**Why is Andrew reading my letter?**
Teresa's having lunch with me.	**Why?**	**Why is Teresa having lunch with you?**
I'm talking to your boss.	**Why?**	**Why are you talking to my boss?**

Aunque no es incorrecto decir frases como ***"I'm talking with your boss"***, es más común emplear ***"to"*** en lugar de ***"with"*** en esta clase de oración y decir ***"I'm talking to your boss"***.

My cousin is writing a poem.	**Why?**	**Why is your cousin writing a poem?**

En inglés, la palabra **'poema'** termina en *"m"*: **/póuimmm/**. Por tanto, ten cuidado y termina de pronunciarla cerrando la boca.

Con el resto de las frases que te esperan, queremos que tapes la columna derecha y que traduzcas las frases escritas en castellano al inglés. Comprueba qué tal lo has hecho después, y si no has acertado la primera vez, vuelve a repetir las frases. La regla de oro, que *"why"* va seguido del verbo *"to be"*, sigue en pie.

¿Por qué está tu perro sentado en mi sillón?	**Why is your dog sitting in my armchair?**

Curiosamente, cambiamos la preposición en inglés según estemos sentados en una silla o en un sillón. Decimos ***"on a chair"*** pero ***"in a armchair"***.

¿Por qué estamos esperando?	**Why are we waiting?**
¿Por qué da Darren una fiesta?	**Why is Darren having a party?**
¿Por qué están gritando los vecinos?	**Why are the neighbours shouting?**
¿Por qué están riéndose Sophie y Brittany?	**Why are Sophie and Brittany laughing?**
¿Por qué está la madre de Darren cocinando para diez (personas)?	**Why is Darren's mum cooking for ten?**

No traduzcas de forma directa frases como **'la madre de Darren'**. Sabrás ya que en estos casos, lo correcto es emplear el genitivo sajón y decir ***"Darren's mum"***.

UN PECADO

Muchas veces hemos oído a gente intentar hacer preguntas del tipo **'¿Por qué te gustan'** diciendo *"Why you like them?"*. El auxiliar ***"do"*** es imprescindible aquí porque si lo omites, la frase no parecerá una pregunta sino una afirmación. Así que recuerda, di siempre ***"Why do you like them?"***.

2

SABER MÁS

Recuerda que **'comer'**, cuando nos referimos a la comida de mediodía, se dice ***"to have lunch"*** y casi nunca ***"to lunch"***. **'Desayunar'** y **'cenar'** siguen la misma regla, por lo que se dicen ***"to have breakfast"*** y ***"to have dinner"*** respectivamente.

UNA CURIOSIDAD

En uno de los ejemplos de este *Paso* aparece el sustantivo no contable, ***"spaguetti"***; y aquí te contamos que **'pasta'** (la comestible), se escribe igual en inglés: ***"pasta"***, pronunciado con una **'p'** y **'t'** explosivas, al estilo anglosajón, es decir ¡casi escupiendo!

¡Pon el CD!
Pista de audio
2

Gramática II

Why + do/does?

Vamos a trabajar preguntas que emplean el verbo auxiliar *"do"* en presente simple. Se construyen de la siguiente manera:

"Why"	+	auxiliar	+	sujeto	+	verbo en infinitivo (sin *"to"*)	?
Why	+	do	+	you	+	like...	?

La frase en la tabla de arriba quiere decir **'¿Por qué te gusta...?'**.

En estas oraciones, tenemos que emplear *"do"* o *"does"* dependiendo de la persona que lleve a cabo la acción. Aquí tenemos otra tabla para mostrarte cómo se conjuga el verbo auxiliar en presente simple:

Persona	*"why"*	+	auxiliar	+	sujeto	+	verbo en infinitivo	?
I	Why	+	do	+	I	+	like...	?
You	Why	+	do	+	you	+	like...	?
He	Why	+	does	+	he	+	like...	?
She	Why	+	does	+	she	+	like...	?
It	Why	+	does	+	it	+	like...	?
We	Why	+	do	+	we	+	lIke...	?
You (plural)	Why	+	do	+	you	+	like...	?
They	Why	+	do	+	they	+	like...	?

Lo que queremos que hagas con los ejemplos de abajo es formular preguntas con *"why"* con las que se obtendrían las frases de la izquierda. Recuerda que el auxiliar cambia de *"do"* a *"does"* en la tercera persona singular, es decir con *"he"*, *"she"*, *"it"*. Fíjate en el primer ejemplo e intenta hacer preguntas del mismo estilo con el resto.

We always drive to work in a truck.	**Why?**	**Why do you always drive to work in a truck?**

La palabra *"always"*, **'siempre'**, es un adverbio de frecuencia; por tanto se coloca después de los verbos auxiliares y antes de los verbos no auxiliares.

I speak German to my children.	**Why?**	**Why do you speak German to your children?**

'Niños' se dice ***"children"*** y nunca *"childs"*. Sólo funciona *"child's"* con el genitivo sajón en frases del tipo *"the child's pen"*, **'el bolígrafo del niño'**.

Tony plays the violin in the bathroom.	**Why?**	**Why does Tony play the violin in the bathroom?**
Julia sleeps in the kitchen.	**Why?**	**Why does Julia sleep in the kitchen?**
Leroy has lunch in the garage.	**Why?**	**Why does Leroy have lunch in the garage?**
Florence cooks in her bedroom.	**Why?**	**Why does Florence cook in her bedroom?**
Charlie eats apples under his desk.	**Why?**	**Why does Charlie eat apples under his desk?**

Habrás notado que muchas de las frases que acabas de ver eran un poco absurdas, por ejemplo, ¿por qué alguien tocaría el violín en el cuarto de baño? No obstante, nuestro objetivo aquí es hacer que te acuerdes de las frases y eso explica su peculiaridad. Ahora, te presentamos aún más frases un poco extrañas.

Amy dances near the window.	**Why?**	**Why does Amy dance near the window?**

My wife and I drink wine in the dark.	**Why?**	**Why do you and your wife drink wine in the dark?**

La manera menos correcta gramaticalmente y al mismo tiempo la más común de decir **'mi mujer y yo'** es ***"me and my wife"***. En inglés no resulta tan feo como su equivalente en castellano: **'Yo y mi mujer'**.

Concha always has spaghetti for breakfast.	**Why?**	**Why does Concha always have spaghetti for breakfast?**

'Espaguetis' es un sustantivo incontable en inglés, así que no se dice *"spaguettis"* sino ***"spaguetti"***. Se pronuncia **/ssspaguétii/**, porque en inglés no hay 'e' de antes de la **'s'**.

Sarah and Claudia watch TV on the roof.	**Why?**	**Why do Sarah and Claudia watch TV on the roof?**

"Roof" se dice **'tejado'** en inglés y se pronuncia **/rúufff/**.

Paul sings opera at night.	**Why?**	**Why does Paul sing opera at night?**

Cliff always wears his coat in the summer.	**Why?**	**Why does Cliff always wear his coat in the summer?**

TEN CUIDADO

Existe el verbo ***"to lob"*** **/lob/** en inglés, pero no tiene nada que ver con 'amar' o 'querer'. Significa **'lanzar'** o **'arrojar'**. Por lo tanto, si quieres expresar tus sentimientos románticos a un ser querido en inglés, ten cuidado en pronunciar la palabra ***"love"*** bien. Si no, quizas, estáras diciendo **'¡Te lanzo!'** en vez de **'¡Te quiero!'**

¿QUÉ DEBO EVITAR? (I)

Recuerda que en inglés **'hacer una foto'** se dice ***"to take a photo"*** y no *"to do a photo"* ni *"to make a photo"*. Y también se suele decir ***"picture"*** en lugar de ***"photo"***.

3

¿QUÉ DEBO EVITAR? (II)

No se puede decir por ejemplo *"I love read"* ni *"I love play football"*. Después de ***"to love"*** se puede colocar un sustantivo, un verbo en infinitivo con ***"to"*** o un verbo en gerundio. Sin embargo, no se puede emplear un infinitvo sin *"to"*.

¡Pon el CD!
Pista de audio
3

Tu inglés dará un salto cualitativo cuando aceptes que estás hablando otro idioma y, por tanto, tendrás que aprender nuevos sonidos que no existen en tu lengua nativa. ¡Ánimo, tú puedes!

Pronunciación

Veamos cómo se pronuncia...

LOVE

/lób/

¡Prohibido pasar!

/láavvv/

Ahora sí, ¡puedes pasar!

Hasta el momento has practicado el uso de *"to like"* para hablar de cosas que te gustan, y ahora vamos más allá con *"to love"* para decir que **'te encanta'** algo. Cuando emplees el verbo *"to love"*, tienes que tener cuidado sobre todo con el sonido vocálico. Se trata del sonido /aa/ y no de una 'o' castellana. Además, el sonido al final de la palabra es el de una **'v'** bien vibrada, y no el de una 'b'.

En esta primera página vamos a practicar el uso de *"to love"* con *"I"*, *"we"* y *"they"*. Vas a practicar *"to love"* + el gerundio además de *"to love"* + sustantivo. Reconocerás muchos de los términos que aprendiste en el *Paso 5* de la última entrega.

Me encanta bailar.	**I love dancing.**

Igual que ocurre con *"to like"*, también se puede emplear el infinitivo después de *"to love"*. Por ejemplo, puedes decir *"I love dancing"* o *"I love to dance"*. Aquí nos ceñimos al uso del gerundio, porque es un poco más común.

Me encanta hacer turismo.	**I love going sightseeing.**
Nos encanta leer.	**We love reading.**
Les encanta ver la tele.	**They love watching TV.**

¿Cómo se dice **'mi descanso para tomar un café dura diez minutos'**?

"My coffee break lasts ten minutes"

Nos encanta el chocolate.	**We love chocolate.**
Les encanta ser voluntarios.	**They love volunteering.**
Nos encanta jugar al fútbol.	**We love playing football.**

Ahora vamos a practicar el uso del presente simple de la tercera persona del singular, *"loves"*. Para pronunciarlo bien, hay que añadir una **'s'** vibrada (**/s/** y no /sss/) al final de **/láavvv/** y decir: **/láavvvs/**.

A Brian le encanta su trabajo.	**Brian loves his job.**
A Susan le encanta cocinar.	**Susan loves cooking.**
A él le encanta la fruta.	**He loves fruit.**

"Fruit" se pronuncia **/fruuttt/** y no /fruittt/.

A ella le encanta hacer deporte.	**She loves playing sports.**
A mi hermano le encanta hacer fotos.	**My brother loves taking pictures.**
A mi hermana le encanta estudiar psicología.	**My sister loves studying psychology.**
A mi prima le encanta la física.	**My cousin loves physics.**

Recuerda que ***"physics"*** se escribe con ***"ph"*** y no con 'f' en inglés.

SABER MÁS...

La palabra *"teacher"*, **'profesor'**, se pronuncia **/tíicha/** en el Reino Unido y **/tíich(r)/** en EEUU. Por cierto, también existe la palabra *"professor"* (**/profésssa/**) en inglés, pero solemos utilizarla para referirnos a un **'catedrático'**.

RECORDATORIO (I)...

Recuerda que no se puede decir *"he's teacher"* o *"I'm artist"*; en inglés hay que incluir el artículo indefinido cuando hablamos de las profesiones (***"He's a teacher"*** y ***"I'm an artist"***).

4

RECORDATORIO (II)...

Recuerda que no se puede decir *"From where are you...?"*; no se puede empezar una pregunta con *"From where"*. Bien expresada, la pregunta es: ***"Where are you from?"***.

¡Pon el CD!
Pista de audio
4

Agilidad Verbal

A partir de esta semana empezamos con una sección nueva para ponerte a prueba, una sección que vas a ver con bastante frecuencia. Consiste en un surtido de frases con todo lo estudiado hasta ahora desde el principio del curso y, quizá, alguna cosa nueva. Como siempre, la meta es traducirlas con rapidez y una buena pronunciación.

Empezamos con una mezcla de oraciones negativas y afirmativas, con distintos sujetos y estructuras. Si las traducciones no te salen rápidamente y sin error, ¡tienes que repasar estas estructuras tan fundamentales!

Está en la mesa.	**It's on the table.**

Decir ***"in the table"*** significaría **'dentro de la mesa'**.

Él es profesor.	**He's a teacher.**
Ella es alta.	**She's tall.**
No sé.	**I don't know.**
No está aquí.	**It's not here.**

Con el verbo ***"to be"***, en las frases negativas suele haber dos opciones para la contracción. En este caso son: ***"It's not here"*** o ***"It isn't here"***.

Soy de España.	**I'm from Spain.**
Él es de Inglaterra.	**He's from England.**

Ahora repasamos una serie de preguntas en inglés. Ten cuidado con la posición del verbo ***"to be"*** en la frase.

¿De dónde eres?	**Where are you from?**
¿Dónde estás?	**Where are you?**
¿Quién eres?	**Who are you?**
¿Qué es esto?	**What's this?**

¿Cómo se dice **'¿Por qué están estudiando?'**?

"Why are they studying?"

¿Está él con tu hermana?	**Is he with your sister?**
¿Cuál es tu nombre?	**What's your name?**

Puesto que hay un sinfín de respuestas posibles para esta pregunta, empleamos la palabra ***"what"*** en vez de ***"which"***. ***"Which"*** sólo se utiliza en preguntas cuando debemos elegir entre unas cuantas cosas concretas ya identificadas.

¿Es éste tu bolígrafo?	**Is this your pen?**

PRONUNCIACIÓN

"Thirsty": esta palabra se pronuncia de la misma manera que la palabra *"thirty"*, **'treinta'**; pero con el sonido /sss/ justo antes de la **'t'**, es decir, **/zéessstii/**.

SABER MÁS

Los primos de *"hungry"* y *"thirsty"*, **'hambriento'** y **'sediento'**, son *"hunger"* y *"thirst"* respectivamente: **'hambre'** y **'sed'**.

5

UN RECORDATORIO

Te recordamos que en inglés **'padres'**, cuando se refiere a un padre y una madre, no se dice *"fathers"* sino *"parents"* (pronunciado **/péerentsss/**).

¡Pon el CD!
Pista de audio
5

¡Ni se te ocurra saltarte este *Paso*! El vocabulario es una de las partes más esenciales y enriquecedoras a la hora de aprender un idioma. ¡Presta especial atención a la pronunciación!

Vocabulario

Adjetivos

feliz	**happy**	**/hhhápii/**
triste	**sad**	**/sssáddd/**
enfadado	**angry**	**/ángrii/**
cansado	**tired**	**/táyaddd/**
disgustado	**upset**	**/aapssséttt/**
hambriento/con hambre	**hungry**	**/hhháangrii/**
sediento/con sed	**thirsty**	**/ zéessstii/**
lleno	**full**	**/fúl/**

En este *Paso* de Vocabulario, te vamos a presentar 8 adjetivos nuevos. Todos se usan para referirse a estados temporales que podemos experimentar los seres humanos.

Aunque en castellano los adjetivos **'sediento'** y **'hambriento'** no se digan con mucha frecuencia, sus equivalentes en inglés ***"hungry"*** y ***"thirsty"*** se usan mucho. Por ejemplo, si quieres decir **'tengo sed'** y **'tengo hambre'** en inglés, tienes que emplear siempre el verbo ***"to be"*** en lugar de *"to have"* y decir ***"I'm thirsty"*** y ***"I'm hungry"*** respectivamente; literalmente: **'Yo estoy sediento'** y **'Yo estoy hambriento'**. Olvídate de frases del estilo *"I have hunger"* y *"I have thirst"*, porque suenan a un idioma extraño.

En la página siguiente, vas a ver **'¿Por qué...?'** en preguntas, que como ya vimos en los *Pasos 1* y *2* de este libro, se traduce como ***"Why...?"***, además de **'porque...'** en afirmaciones, que se traduce como ***"because..."***.

Aquí queremos que leas las frases que aparecen a la izquierda y que respondas a cada una de ellas con una pregunta empezando con *"why"*. Por ejemplo, si la frase de la izquierda es: *"I'm happy because..."*, **'Estoy contenta porque...'**, hay que preguntar: *"Why are you happy?"*, **'¿Por qué estás contenta?'**. Después comprueba qué tal lo has hecho, y recuerda que el verbo *"to be"* va inmediatamente después de *"why"*.

I'm happy because...	**Why are you happy?**
She's sad because...	**Why is she sad?**
They're tired because...	**Why are they tired?**

El adjetivo *"tired"* se pronuncia **/táyaddd/**, y no como se escribe.

Tristan's upset because...	**Why is Tristan upset?**
We're thirsty because...	**Why are you thirsty?**
Jenny's hungry because...	**Why is Jenny hungry?**

Mucha gente confunde los adjetivos *"hungry"* y *"angry"*. Aclaremos esto: *"angry"* es **/ángrii/**, **'enfadado'**, y *"hungry"* **/hhháangrii/**, **'hambriento'**. El sonido de la **'a'** en *"angry"* se parece al castellano; sin embargo, el sonido de la **'a'** en **/hhháangrii/** se realiza con la mandíbula casi tocando el pecho. Además, *"hungry"* lleva una **'h'** aspirada.

My parents are angry because...	**Why are your parents angry?**
Tony's full because...	**Why is Tony full?**

Esta vez, en lugar de responder a frases con preguntas, vas a traducir las frases a la izquierda del castellano al inglés. No olvides que **'tener hambre'** es ***"to be hungry"*** (literalmente, **'estar hambriento'**) y no *"to have hunger"*; y que **'tener sed'** no es *"to have thirst"* sino ***"to be thirsty"***.

¿Por qué está contenta ella?	**Why is she happy?**
¿Por qué está triste Carmen?	**Why is Carmen sad?**
¿Por qué tienen hambre?	**Why are they hungry?**

"Hungry": No hay casi ninguna diferencia de pronunciación entre este adjetivo y el país ***"Hungary"***, **'Hungría'**: **/hhháangrii/**. La primera sílaba se dice con la mandíbula casi tocando el pecho.

¿Por qué tu vecino está enfadado?	**Why is your neighbour angry?**
¿Por qué Philip está cansado?	**Why is Philip tired?**
¿Por qué Annie y Frank están disgustados?	**Why are Annie and Frank upset?**
¿Por qué los niños tienen sed?	**Why are the children thirsty?**

Hemos mencionado en otras ocasiones que **'niños'** se traduce como ***"children"*** y nunca *"childs"* ni *"childrens"*, pero un pequeño recordatorio nunca viene mal.

¿Por qué Andrew está lleno?	**Why is Andrew full?**

¿QUÉ DEBO EVITAR (I)?

Es muy común que un estudiante diga *"giving it to he"* o *"giving it to she"* en lugar de ***"giving it to him"*** o ***"giving it to her"***. Si cometes uno de estos errores, repite la versión correcta cinco veces en voz alta.

¿QUÉ DEBO EVITAR (II)?

En los ejemplos que aparecen en este *Paso*, no se puede sustituir el presente simple por el presente continuo. En inglés el presente simple no se emplea cuando se trata de algo que está ocurriendo en el momento en el que se habla.

6

PRONUNCIACIÓN

No ignores la **'m'** al final de ***"them"***, ni la cambies por una 'n'. Hay no nativos que tienen la tendencia de no pronunciar esta consonante al final de muchas palabras, por ejemplo diciendo /dzé/ en lugar de **/dzémmm/**. ¡Trata de no fallar tú!

Gramática IV

En el *Paso 4* del libro **8** vimos frases como: ***"I'm giving you a book"***, **'estoy dándote un libro'**. Ahora vamos a complicar las cosas un poco. En inglés, cuando el complemento directo es un **sustantivo** (no un pronombre), normalmente ponemos primero el complemento indirecto seguido del complemento directo:

				c. indirecto		c. directo
I'm	+	giving	+	John	+	the book
Estoy	+	dando	+	a John	+	el libro

Sin embargo, cuando ambos complementos son pronombres, lo hacemos al revés:

				c. directo		c. indirecto
I'm	+	giving	+	it	+	to him
Estoy	+			dándoselo		

A lo mejor sabes bien la teoría en castellano, pero sabemos que muchos alumnos tropiezan con ellos porque no acaban de entenderlos. Así que, los complementos directos en castellano son: **'me'**, **'te'**, **'lo'**/**'la'**, **'nos'**, **'os'**, **'los'**/**'las'**. Los complementos indirectos son: **'me'**, **'te'**, **'le'** (o **'se'**), **'nos'**, **'os'**, **'les'** (o **'se'**). Un complemento directo recibe directamente la acción del verbo. Un complemento indirecto recibe indirectamente la acción del verbo.

Te ponemos en las dos siguientes páginas todas las posibles combinaciones de los complementos. Seguimos usando el verbo **'dar'**. Aunque las traducciones en castellano no suenen del todo naturales, las hemos puesto así para que distingas claramente entre los complementos directos e indirectos.

Están dándo**melo**.	**They're giving it to me.**
Están dándo**melos.**	**They're giving them to me.**

No olvides la **'v'** vibrada en ***"giving"***: **/gggivvvin(g)/**.

Están dándo**telo.**	**They're giving it to you.**
Están dándo**telos.**	**They're giving them to you.**

¿Cómo se dice **'disgustado'**?

"Upset"

Están dándo**selo** (a él).	**They're giving it to him.**
Están dándo**selos** (a él).	**They're giving them to him.**
Están dándo**selo** (a ella).	**They're giving it to her.**

Seguimos con más combinaciones de complementos. Ahora tapa la columna a la derecha y trata de traducir.

Están dándo**selos** a ella.	**They're giving them to her.**
Están dándo**noslo**.	**They're giving it to us.**

Ya te lo hemos dicho, pero te lo recordamos porque se trata de un error muy común: no se puede utilizar el presente simple en estos casos. No se puede decir, por ejemplo, *"They give it to us"* en el ejemplo de arriba.

Están dándo**noslos**.	**They're giving them to us.**
Están dándo**oslo**.	**They're giving it to you.**
Están dándo**oslos**.	**They're giving them to you.**
Estoy dándo**selo** a ellos.	**I'm giving it to them.**
Estoy dándo**selos** a ellos.	**I'm giving them to them.**

Aprender a manejar con agilidad los pronombres complementos es un reto en cualquier idioma. Lo importante es que lo intentes lo antes posible y no lo dejes como un tema pendiente crónico como muchos estudiantes de inglés.

SABER ALGO MÁS

'A medianoche' se dice *"at midnight"* (o *"at 12 am"*), mientras que **'a mediodía'** en inglés se puede decir *"at midday"*, *"at noon"* o simplemente, *"at 12 pm"*.

SINÓNIMOS

Además de la expresión *"You're joking!"*, **'¡Estás de broma!'**, se dice también: *"Are you pulling my leg?!"* y *"Are you having me on?"* que significan: **'¿Me estás tomando el pelo?'**.

7

¿QUÉ DEBO EVITAR?

No pronuncies la palabra *"joke"* /ióuk/, porque a nosotros nos parecería que estás diciendo *"yolk"*, que en castellano significa **'yema'**. Di siempre **/llóuk/**.

Expresiones Básicas

SERIOUSLY?

/síriussslii/

¿En serio?

Recurrimos al adverbio *"seriously"*, cuando queremos decir **'en serio'** en inglés, como si en castellano fuera **'seriamente'**.

YOU'RE JOKING!

/ióollóuking/

¡Estás de broma!

'Estás de broma' se dice *"you're joking"* en inglés, que traducido literalmente sería **'estás bromeando'** en presente continuo.

REALLY?!

/ríi(a)lii/

¡¿De verdad?!

La pronunciación de *"really"* tiene un pequeño rastro de **'a'** en el medio. Pon tono de sorpresa al decir *"really"*, al no ser que estés hablando con ironía...

Vamos a trabajar seis frases con nuestras expresiones de la semana en presente simple. Mientras trabajas estos ejemplos, queremos que aportes una entonación de sorpresa cada vez que digas: ***"Really?!"***, ***"Seriously?!"*** y ***"You're joking!"***.

–No me gusta (él).	**–I don't like him.**
–¡¿De verdad?!	**–Really?!**

–Él es millonario.	**–He's a millionaire.**
–¡¿En serio?!	**–Seriously?!**

Decir frases del tipo *"he's millionaire"* en lugar de ***"he's a millionaire"*** es incorrecto. Coloca siempre ***"a"*** o ***"an"*** antes del sustantivo. Recuerda que para hablar de profesiones, utilizamos el artículo indefinido: ***"he's a lawyer"***, **'él es abogado'**, ***"she's a dentist"***, **'ella es dentista'**, etc.

–Él la quiere	**–He loves her.**
–¡Estás de broma!	**–You're joking!**

–Cuesta 2.000€	**–It costs €2,000.**
–¡¿En serio?!	**–Seriously?!**

Recuerda que el símbolo del euro, igual que el del dólar, la libra, etc. se coloca siempre delante de la cifra en inglés.

–¡Es muy gracioso!	**–It's very funny!**
–¡¿En serio?!	**–Really?!**

Muchos estudiantes de inglés suelen confundirse entre ***"fun"***, **'divertido'** y ***"funny"***, **'gracioso'**. Aunque estas dos palabras son parecidas, no significan lo mismo y nosotros lo notamos cada vez que alguien se confunde.

–Es medianoche.	**–It's midnight.**
–¡Estás de broma!	**–You're joking!**

Ahora vas a trabajar el presente continuo con nuestras tres expresiones. No olvides aportar el tono necesario al decir cada expresión. ¡Esperamos que estés diciendo todas las frases en voz alta!

–Andrew está limpiando el cuarto de baño. –¡¿De verdad?!	**–Andrew's cleaning the bathroom.** **–Really?!**

–Lauren está llorando. –¡¿En serio?!	**–Lauren's crying.** **–Seriously?!**

–Se están peleando. –¡Estás de broma!	**–They're fighting.** **–You're joking!**

–Él está jugando al fútbol. –¿¡De verdad?!	**–He's playing football.** **–Really?!**

–Guillermo está viviendo en Sevilla. –¡Estás de broma!	**–Guillermo's living in Seville.** **–You're joking!**

'Sevilla' es uno de los pocos sitios en España que se traduce de forma distinta al inglés. Decimos ***"Seville"***. Otro ejemplo es **'Zaragoza'** que es ***"Saragossa"***.

–David está viviendo en una mansión. –¿¡En serio?!	**–David's living in a mansion.** **–Seriously?!**

"Mansion" se escribe igual en castellano e inglés, pero se pronuncia de forma distinta: /**mánnnshonnn**/.

–Él está pintando la casa. –¡¿De verdad?!	**–He's painting the house.** **–Really?!**

SABER MÁS...

Una de las escasas excepciones en las que se puede usar *"to think in"* es cuando se trata de **pensar en un idioma**. Por ejemplo, **'Nosotros pensamos en inglés'**, *"We think in English"*, y **'Nuestros vecinos piensan en español'**, *"Our neighbours think in Spanish"*.

¿QUÉ DEBO EVITAR?

No se pueden separar *"think"* y *"about"* para meter un sustantivo o pronombre entre ellos; **'(Él) Se lo está pensando'** se dice *"He's thinking about it"* y nunca *"He's thinking it about"*.

8

PRONUNCIACIÓN

Ten en cuenta que la preposición *"about"* se pronuncia /**abbbáut**/ con el sonido vocálico /**au**/, y no /about/.
Además la **'b'** inglesa ha de ser muy explosiva

¡Pon el CD!
Pista de audio
8

Error Común
¡No des un paso en falso!

Think about

Correcto:	Think about
Incorrecto:	Think in

Este error es tan común por el simple hecho de que en castellano se dice **'pensar en'**, que mucha gente traduce literalmente como *"think in"*. Recuerda: **'pensar en algo'** se dice ***"to think about something"***; **'pensar en alguien'** es ***"to think about someone"*** y **'pensar en hacer algo'**, ***"to think about doing something"***, porque si a ***"about"*** le sigue un verbo, éste ha de ir en gerundio.

Empezamos machacando el uso de ***"to think about"*** más un sustantivo o un pronombre. Hemos incluido la preposición *"in"* tachada para que recuerdes el error que queremos eliminar de una vez por todas.

Estoy pensando en ti.	**I'm thinking ~~in~~ about you.**

También se puede decir ***"to think of"***, pero ***"to think about"*** se suele usar más en estos casos.

Él está pensando en ella.	**He's thinking ~~in~~ about her.**
Ella está pensando en sus opciones.	**She's thinking ~~in~~ about her options.**
¿Estás pensando en mí?	**Are you thinking ~~in~~ about me?**
¿Está (él) pensando en comida?	**Is he thinking ~~in~~ about food?**

Muchos nativos no pronuncian la **'g'** al final de ***"thinking"*** y al final de muchas palabras que terminan en ***"–ing"***.

¿Están pensando en nosotros?	**Are they thinking ~~in~~ about us?**
¿Estás pensando en ellos?	**Are you thinking ~~in~~ about them?**

Ahora nos centramos en el uso de *"to think about"* más un verbo en gerundio. Es muy importante que se te quede grabado lo siguiente: Cuando *"to think about"* va seguido de un verbo, éste tiene que estar en gerundio ¡nunca en infinitivo!

Estoy pensando en ir.	**I'm thinking ~~in~~ about going.**
Él está pensando en estudiar historia el año que viene.	**He's thinking ~~in~~ about studying history next year.**
Ella está pensando en hacer turismo.	**She's thinking ~~in~~ about going sightseeing.**

¿Cómo se dice **'enfadado'**?

"Angry"

Estamos pensando en jugar al fútbol.	**We're thinking ~~in~~ about playing football.**
Están pensando en viajar el año que viene.	**They're thinking ~~in~~ about travelling next year.**
Estoy pensando en almorzar.	**I'm thinking ~~in~~ about having lunch.**

Recuerda que no se suele usar ***"to lunch"***, sino ***"to have lunch"***.

Estamos pensando en hablar con él	**We're thinking ~~in~~ about talking to him.**

¿QUÉ DEBO EVITAR?

Aunque en castellano se pueda decir **'ponme una cerveza'**, en inglés no se puede decir *"give me a beer"*, ya que suena muy mal educado. Hay varias maneras de pedir algo en inglés, por ejemplo: ***"Can I have...?"***, ***"Can I get...?"*** o ***"I would like..."***.

SABER MÁS...

"Anything else?", **'¿Algo más?'**, es la versión corta de ***"Do you want anything else?"***, **'¿Quieres/quiere usted algo más?'**, o de ***"Would you like anything else?"***, **'¿Querías/quería usted algo más?'**.

9

PRONUNCIACIÓN...

Los nativos pronunciamos ***"evening"*** con dos y no con tres sílabas: **/íivvv_nin(g)/**. ¡No digas /íivvv_e_nin(g)/ con esa sílaba adicional!

¡Pon el CD!
Pista de audio
9

El inglés en contexto

En el restaurante

¡Bienvenido a una sección nueva de nuestro curso *Paso a Paso*! A partir de esta entrega tendrás la oportunidad de poner tu comprensión oral y escrita a prueba con unas conversaciones en inglés en las que vamos a tratar varias situaciones cotidianas.

En esta primera conversación aprenderás varias frases típicas que se emplean en un restaurante, para: saludar, pedir una mesa, pedir bebidas y más.

Primero, escucha la conversación y trata de contestar las preguntas de la página siguiente sin leer la traducción. Si no puedes escuchar el audio en este momento, tapa la traducción, lee la conversación en inglés sin pausa y luego intenta contestar las preguntas de la página siguiente.

Good evening

Verás que el camarero se dirige a los clientes con un saludo un poco más formal (***"good evening"***) que el que emplea el cliente (***"hi"***).

Can

Más adelante trabajaremos ***"can"*** en más profundidad. De momento sólo memoriza los tres usos que ves aquí.

What would you like?

Es mucho más educado que ***"what do you want?"***, que sería impensable en esta situación.

Customer I:	*Hi!*
Waiter:	*Good evening.*
Customer I:	*A table for three please.*
Waiter:	*OK.*
Customer II:	*Can we sit outside?*
Waiter:	*Of course. This way, please.*
	...
Waiter:	*What would you like?*
Customer I:	*Can I have a beer, please?*
Customer II:	*And a red wine for me, please.*
Waiter:	*Great. Anything else?*
Customer III:	*Can I have an orange juice?*
Waiter:	*Of course. Anything else?*
Customer I:	*No, thank you.*

beer

La palabra ***"beer"*** se pronuncia /bíia/.

Of course

Se pronuncia /ovvvcóosss/.

Cliente: ¡Buenas!
Camarero: **Buenas tardes**.
Cliente I: Una mesa para tres, por favor.
Camarero: Vale.
Cliente II: ¿Nos **podemos** sentar fuera?
Camarero: **Por supuesto**. Por aquí, por favor.
...
Camarero: **¿Qué desean?**
Cliente I: ¿Me **pones** una cerveza, por favor?
Cliente II: Y un vino tinto para mí, por favor.
Camarero: Bien. ¿Algo más?
Cliente III: ¿Me **pones** un zumo de naranja?
Camarero: **Por supuesto**. ¿Algo más?
Cliente I: No, gracias.

MINI TEST

a) Si **'un vino blanco'** se dice ***"a white wine"***, ¿cómo se diría **'¿Me pones un vino blanco, por favor?'**?

"Can I have a white wine, please?"

b) En la conversación has visto que ***"outside"*** significa **'fuera'**, y ahora te enseñamos que **'dentro'** se dice ***"inside"***. Entonces, ¿cómo se dice **'¿nos podemos sentar dentro, por favor?'**?

"Can we sit inside, please?"

ESFUÉRZATE EN...

Emplear siempre el auxiliar *"do"* en preguntas del tipo: ***"Why do you always drive to work in a truck?"***, **'¿Por qúe siempre vas al trabajo en camión?'**.

NO OLVIDES QUE...

No se pueden traducir frases del estilo **'están dándomelo'** como *"they're giving me it"*, sino siempre: ***"they're giving it to me"***. Repasa el *Paso 6* si quieres pulir tu agilidad con los complementos directos e indirectos.

10

NO SE TE OCURRA...

Usar *"think in"* en frases del tipo: **'Estoy pensando en ti'** o **'¿Estás pensando en mí?'**. Lo correcto es emplear *"about"* en lugar de *"in"* y decir ***"I'm thinking about you"*** y ***"Are you thinking about me?"***, respectivamente.

¡Pon el CD!
Pista de audio
10

¡Ha llegado la hora del test final! El repaso es la clave del éxito y nunca lo podemos olvidar. ¿Has logrado hacerte con todas las palabras, estructuras y sonidos de esta entrega? No sólo se trata de entenderlas, sino también de reproducirlas con confianza y soltura.

¡El rePaso!

¿Por qué está tu perro sentado en mi sillón?	**Why is your dog sitting in my armchair?**
¿Por qué está llorando el cartero?	**Why is the postman crying?**
¿Por qué están riéndose Sophie y Brittany?	**Why are Sophie and Brittany laughing?**

Formula preguntas con *"why"* con las que se obtendrían las tres frases siguientes a la izquierda.

We always drive to work in a truck.	**Why do you always drive to work in a truck?**

La palabra *"always"*, **'siempre'**, es un adverbio de frecuencia; por tanto se coloca después de los verbos auxiliares y antes de los verbos no auxiliares.

Julia sleeps in the kitchen.	**Why does Julia sleep in the kitchen?**
Charlie eats apples under his desk.	**Why does Charlie eat apples under his desk?**
Me encanta hacer turismo.	**I love going sightseeing.**

Les encanta ver la tele.	**They love watching TV.**
¿De dónde eres?	**Where are you from?**
¿Está él con tu hermana?	**Is he with your sister?**
Él es profesor.	**He's a teacher.**

No puede faltar el artículo indefinido ***"a/an"*** cuando hablamos de profesiones en inglés.

¿Por qué tienen hambre?	**Why are they hungry?**

"Hungry": No hay casi ninguna diferencia de pronunciación entre este adjetivo y el país ***"Hungary"***, **'Hungría'**: **/hhháangrii/**. La primera sílaba se dice con la mandíbula casi tocando el pecho.

¿Por qué tu vecino está enfadado?	**Why is your neighbour angry?**
¿Por qué está contenta ella?	**Why is she happy?**
Están dándo**melo**.	**They're giving it to me.**

No olvides la **'v'** vibrada en ***"giving"***: **/gggivvvin(g)/**.

Están dándo**telo**.	**They're giving it to you.**

Están dándo**selo** (a él).	**They're giving it to him.**
–Él la quiere –¡Estás de broma!	**–He loves her.** **–You're joking!**
–¡Es muy gracioso! –¡¿En serio?!	**–It's very funny!** **–Really?!**

Muchos estudiantes de inglés suelen confundirse entre ***"fun"***, **'divertido'** y ***"funny"***, **'gracioso'**. Aunque estas dos palabras son parecidas, no significan lo mismo y nosotros lo notamos cada vez que alguien se confunde.

–Lauren está llorando. –¡¿En serio?!	**–Lauren's crying.** **–Seriously?!**
Ella está pensando en sus opciones.	**She's thinking about her options.**
¿Estás pensando en mí?	**Are you thinking about me?**
¿Me pones un zumo de naranja, por favor?	**Can I have an orange juice, please?**
¿No podemos sentar fuera?	**Can we sit outside?**
Por supuesto. Por aquí, por favor.	**Of course. This way, please.**

¡No te engañes! Si no dedicas un mínimo de **20 minutos al día** para repasar y afianzar los conocimientos que te acabamos de enseñar, habrás perdido tu tiempo. El éxito para aprender un idioma depende sólo de una cosa: del esfuerzo continuo del alumno.

nivel

intermedio

Navegando por las estrellas

En todos los tiempos los navegantes han sido buenos conocedores de las estrellas. Para muchos, los cuerpos celestes eran la única forma segura de navegar e identificar los más importantes formaba una parte crucial del oficio del buen marinero.

¡Porque anda que no hay estrellas! Miles y miles y miles a la vista y sólo unas cien que sirven de referencia.

Lo mismo ocurre con el inglés. Existen miles y miles de palabras, de expresiones y de estructuras, pero conocer bien las primordiales te será suficiente para navegar eficazmente y sobre todo para no naufragar en el océano de la comunicación. Como ya sabes, por **'conocer bien'** me refiero no sólo a saber reconocer estos aspectos del idioma, sino también a poder utilizarlos en sus múltiples combinaciones.

En el contenido de este curso, nos centramos de forma casi exclusiva en lo más relevante para tu inglés.

Hay muchas otras estrellas preciosas, sin duda, pero éstas son las que más te ayudarán.

Lo que vas a ver en el nivel intermedio...

1

El **presente perfecto** vs el **pasado simple**.

2

La expresión ***"to hear of someone/ something"***.

3

La pronunciación correcta de la palabra ***"country"***.

4

Verás el *phrasal verb* ***"to shut up"*** en contexto.

5

Vocabulario: **adjetivos positivos** para describir a las personas.

6

La construcción **'acabar de...'** con el presente perfecto y con el pasado simple.

7

Los *irregular verbs*: ***"to quit"***, ***"to meet"*** y ***"to steal"***.

8

Nuestro ejercicio semanal de **comprensión auditiva**.

9

Un ejercicio centrado en expresiones como: **'una vez por semana'**.

10

Un **rePaso** de todo el nivel.

"THIS MORNING"

Si dices ***"this morning"*** y sigue siendo la mañana (que en los países angloparlantes termina a las 12), deberías emplear el presente perfecto (***"This morning I've had two coffees"***). Sin embargo, si ya es por la tarde y dices ***"this morning"***, tienes que usar el pasado simple ***("This morning I had two coffees"***), porque la mañana ha terminado.

¿QUÉ DEBO EVITAR?

Demasiados no nativos pronuncian el participio ***"written"***, **'escrito'**, así: /ráitttennn/. Repite **/rítttennn/** cinco veces antes de seguir para que no te pase esto.

RECORDATORIO

Recuerda que el pasado de ***"to buy"***, ***"bought"***, se pronuncia **/bóottt/** y no /báujjjttt/ ni /bóffftttt/.

¡Pon el CD!
Pista de audio
11

Gramática I

El pasado simple VS. el presente perfecto

Ahora trabajaremos con dos tiempos verbales a la vez para que tengas claro qué tiempo emplear en cada momento. Recuerda que si el periodo de tiempo ha acabado tienes que emplear el pasado simple, pero cuando aún no ha terminado has de utilizar el presente perfecto.

Ejemplos de periodos de tiempo que han acabado:

yesterday	last week	on Monday
I drank	I drank	I drank
I saw	I saw	I saw
I made	I made	I made
I wrote	I wrote	I wrote

Ejemplos de periodos de tiempo que no han acabado aún:

today	this week	so far this month
I've drunk	I've drunk	I've drunk
I've seen	I've seen	I've seen
I've made	I've made	I've made
I've written	I've written	I've written

Empezamos con frases que llevan tanto el presente perfecto como el pasado simple, mezclando el negativo y el afirmativo.

El año pasado gané dos premios pero este año no he ganado ninguno.

Last year I won two awards but this year I haven't won any.

No se puede decir *"any one"* al final de esta frase.

Ayer hablé con tres personas pero hoy no he hablado con nadie.

Yesterday I spoke to three people but I haven't spoken to anyone today.

La semana pasada compré dos libros pero esta semana no he comprado ninguno.

Last week I bought two books but I haven't bought any this week.

Esta semana Peter ha hecho dos pasteles pero la semana pasada no hizo ninguno.

This week Peter has made two cakes but last week he didn't make any.

¿Cómo se dice **'gaita'**?

"Bagpipes"

Hoy han invitado a tres personas pero ayer no invitaron a nadie.

Today they've invited three people but yesterday they didn't invite anyone.

Hoy hemos encontrado dos errores pero ayer no encontramos ninguno.

Today we've found two mistakes but yesterday we didn't find any.

Ayer John me llamó dos veces pero ¡hoy me ha llamado ocho veces!

Yesterday John called me twice but today he's called me eight times!

Ahora separamos el presente perfecto y el pasado simple. Tapa las frases en inglés y trata de traducir a paso ligero, sin equivocarte de tiempo verbal.

Vi dos películas la semana pasada.	**I saw two films last week.**

He visto tres películas hoy.	**I've seen three films today.**

Patricia escribió dos informes ayer.	**Patricia wrote two reports yesterday.**

¡No digas *"informs"*! ¡Este sustantivo no existe!

El teléfono no dejó de sonar ayer por la tarde.	**The phone didn't stop ringing yesterday afternoon.**

No se puede decir *"the phone didn't stop to ring"*.

Hasta ahora me he tomado dos tazas de café esta mañana.	**So far this morning I've had two cups of coffee.**

Patricia ha escrito cinco informes esta semana.	**Patricia has written five reports this week.**

El teléfono no ha dejado de sonar esta mañana.	**The phone hasn't stopped ringing this morning.**

SABER ALGO MÁS...

En uno de los ejemplos de este *Paso* se habla de una **'serie de televisión'**. Éstas están compuestas de ***"episodes"***, pero muchos estudiantes dicen *"chapters"*, mientras que ***"chapters"*** son **'capítulos'** de un libro.

LA ORTOGRAFÍA

"No one", **'nadie'**, se escribe separando ***"no"*** y ***"one"***, nunca se escribe *"noone"*. Y ***"none"*** es otra palabra distinta, que se lee **/náan/** y significa **'ninguno/a'**.

2

UNA CURIOSIDAD

'Don Quijote' se escribe ***"Don Quixote"*** en inglés, con una **'x'** en lugar de la 'j'. Además, existe el adjetivo (ya poco usado) ***"quixotic"*** pronunciado **/cuiksótic/**, que es nuestro equivalente a **'quijotesco'**

¡Pon el CD!
Pista de audio
12

Expresión de la Semana

TO HEAR OF SOMEONE/ SOMETHING

/tuhhhíaovvvsummmuaannn/

Oír hablar de alguien/algo...

En esta entrega la expresión de la semana es una que, casualmente, requiere que empleemos el presente perfecto. Por eso, todos los ejemplos que te hemos escrito emplean este tiempo verbal.

Mientras que en castellano se dice **'he oído hablar de alguien o de algo'**, nosotros decimos literalmente **'he oído de alguien o de algo'**. Es decir, en inglés sobra el verbo *"to talk"*. No verás por aquí este verbo en ningún momento.

En el libro **18** página **55**, estudiaste el presente perfecto. Vamos a pulirlo un poco aquí en el afirmativo, el negativo y el interrogativo.

Afirmativo	Sujeto	+	have / has	+	participio pasado
	I	+	have	+	heard of him
Negativo	Sujeto	+	haven't/hasn't	+	participio pasado
	I	+	haven't	+	heard of him.
Interrogativo	Have/has	+	sujeto	+	participio pasado
	Have	+	you	+	heard of him?

Empezaremos trabajando exclusivamente ***"to hear of someone"***. Ya sabrás que insistimos mucho en la pronunciación correcta de la **'h'** en palabras como ***"heard"*** pero por si acaso, ¡la **'h'** inglesa es siempre aspirada!: **/hhhéeddd/**. Una cosa más; recuerda que casi siempre contraemos en el presente perfecto en inglés. Así que traduce la frase **'yo nunca he oído hablar de ella'** como ***"I've never heard of her"***.

He oído hablar de él.	**I've heard of him.**
¿Has oído hablar de Casanova?	**Have you heard of Casanova?**
He oído hablar de ella.	**I've heard of her.**
Nunca he oído hablar de ellos.	**I've never heard of them.**

Es un errror decir *"I never have heard of them"* en vez de ***"I've never heard of them"*** al intentar traducir **'Nunca he oído hablar de ellos'**. Recuerda: decimos ***"I've never..."***, ***"I've never"***, ***"I've never..."***.

¿No has oído hablar de mí?	**Haven't you heard of me?**
Nadie ha oído hablar de ti.	**Nobody's heard of you.**

Por si tradujiste **'nadie'** como ***"no one"***, los pronombres ***"nobody"*** y ***"no one"*** (**'nadie'**) son totalmente intercambiables, así que usa cualquiera de los dos.

Has oído hablar de él, ¿no?	**You've heard of him, haven't you?**

Ahora vamos a dejar ***"to hear of someone"*** y centrarnos sólo en ***"to hear of something"***, pero igual que antes, vas a emplear el presente perfecto en el afirmativo, el negativo y en el interrogativo.

No me puedo creer que nunca hayas oído hablar de esa serie de televisión.	**I can't believe you've never heard of that TV series.**

Aunque siempre termine con una **'s'**, la palabra ***"series"*** puede ser plural y singular en inglés. Asi que, decimos ***"one series"***, ***"two series"***, ***three series"***, etc.

He oído hablar de esa Universidad. Es muy prestigiosa.	**I've heard of that University. It's really prestigious.**
¿Has oído hablar de esa condición?	**Have you heard of that condition?**
Ella nunca ha oído hablar de ese grupo de música.	**She's never heard of that band.**

Hay alumnos que dicen ***"bands"*** cuando quieren hablar de **'bandas'**, es decir, grupos de delincuentes, pero ese tipo de **'banda'** se llama *"gang"* en inglés (pronunciado **/ganggg/**) y nunca *"band"*.

He oído hablar de ello.	**I've heard of it.**
Nunca he oído hablar de algo parecido.	**I've never heard of anything like it.**
¿Has oído hablar de Don Quijote?	**Have you heard of Don Quixote?**

NI SE TE OCURRA

Decir *"two times"* al intentar expresar **'dos veces'**. Recuerda que casi siempre decimos ***"twice"***, pronunciado **/tuáisss/**. En cambio, **'tres veces'**, **'cuatro veces'**, etc., sí se dicen: ***"three times"***, ***"four times"***, etc...

SABER MÁS

El verbo ***"to betray"*** puede traducirse como **'engañar'** en frases como **'me engañaste'**, ***"you betrayed me"*** y **'traicionar'** en oraciones del tipo **'traicionaste a tu país'**, ***"you betrayed your country"***.

3

TEN CUIDADO

No traduzcas frases comparativas del tipo **'el mío es más grande que el tuyo'** por: *"mine is bigger that yours"*. Es un error común. Di ***"mine is bigger than yours"*** usando ***"than"*** en vez de *"that"*.

¡Pon el CD!
Pista de audio
13

A una persona con una gran pronunciación se le atribuye generalmente un muy buen nivel de inglés. ¡No seas una de esas personas que sabe mucha gramática pero no se le entiende nada!

Pronunciación

Veamos cómo se pronuncia...

COUNTRY

/countrii/

Dirección equivocada

/cáantrii/

Camino correcto

Algunos estudiantes de inglés pronuncian la palabra ***"country"*** tal y como se escribe, pero esto no se debería hacer, sobre todo si lo que quieres hacer es causar una buena impresión a la hora de hablar inglés. ¡No se puede subestimar el valor de hablar inglés con una buena pronunciación!

Bien, la **'ou'** de ***"country"*** no suena como una 'ou' castellana, sino que se parece más a una **'a'** larga. Hay que abrir bien la boca al pronunciarla. Además, el énfasis de la palabra cae en la primera silába. Dilo un par de veces: **/cáantrii/**, **/cáantrii/**, **/cáantrii/**, **/cáantrii/**.

Que no se te escape un /countrii/, por favor.

Mientras practicas la pronunciación correcta de **/cáantrii/**, repasarás aquí el presente perfecto, incluyendo la estructura ***"I've never"***, **'yo nunca he...'**.

Ella siempre ha querido vivir en un país caluroso.	**She's always wanted to live in a hot country.**
Siempre he amado mi país.	**I've always loved my country.**
Joanne nunca ha salido del país.	**Joanne's never left the country.**
Sólo he salido del país una vez.	**I've only left the country once.**

No traduzcas **'una vez'** por *"one time"*, ya que casi nunca lo decimos. Preferimos decir ***"once"*** y lo pronunciamos **/uáansss/**.

Claire ha dejado el país.	**Claire's left the country.**
Nunca he estado en ese país.	**I've never been to that country.**

Comprendemos por qué un estudiante diría *"I've never been in that country"* cuando quieren decir **'nunca he estado en ese país'**, pero evítalo y di siempre ***"I've never been to that country"***.

Él nunca ha traicionado a su patria.	**He's never betrayed his country.**

El la página anterior puliste tu pronunciación de **/cáantrii/** mientras practicabas el presente perfecto. Ahora te toca seguir perfeccionando tu pronunciación de **/cáantrii/** mientras trabajas un grupo de frases en el comparativo y el superlativo.

¿Qué país es más grande, Rusia o Canadá?	**Which country is bigger, Russia or Canada?**

Aunque los países **'Rusia'** y **'Canadá'** se escriban de forma parecida en inglés, nosotros los pronunciamos de forma distinta, así: **/ráasha/** y **/cánada/** respectivamente.

Rusia es el país más grande del mundo.	**Russia is the biggest country in the world.**
Nuestro país es más grande que el vuestro.	**Our country is bigger than yours.**
¿Qué país es más pequeño, Francia o Alemania?	**Which country is smaller, France or Germany?**

En este caso hay que de decir ***"which country"*** y no *"what country"*, ya que sólo tenemos dos países entre los que elegir. En cambio, no decimos *"Which is your telephone number?"* sino ***"What's your phone number?"*** ya que existen casi una infinidad de posibles respuestas. Fíjate también en el siguiente ejemplo.

¿Cuál es el país más pequeño del mundo?	**What's the smallest country in the world?**

Recuerda que el superlativo de los adjetivos monosilábicos en inglés se forma con la terminación *"-est"*: *"the smallest country"*, **'el país más pequeño'**.

¿Qué país es más caluroso, Noruega o Marruecos?	**Which country is hotter, Norway or Morocco?**

SABER MÁS (I)

También existe la expresión *"to shut someone up"*, **'dejar callado a alguien'**. Por ejemplo, *"my reply shut him up"*, **'mi respuesta le dejó callado'** o *"Well, that really shut her up!"*, **'¡Bueno, eso sí que la dejó callada!'**.

PARA PROFUNDIZAR...

Otra manera muy maleducada de decir **'¡cállate!'** en inglés es *"shut it!"*. Sin embargo, para decirlo de una manera graciosa, puedes decir *"put a sock in it"*, ¡que literalmente significa 'métete un calcetín dentro (de la boca)'!

4

SABER MÁS (II)

El *phrasal verb* *"to shut up"* también se usa para hablar de **'cerrar una tienda'**. Por ejemplo, *"he usually shuts up the shop after eight"*, **'él suele cerrar la tienda después de las ocho'**.

¡Pon el CD!
Pista de audio
14

Phrasal Verbs
¡Un paso más allá!

Hemos llegado a nuestro rincón favorito, el de los temidos *phrasal verbs*. Si te centras cada semana en un solo verbo compuesto, seguramente poco a poco empiecen a formar parte de tu vocabulario activo.

"to shut up"

Hay que tener cuidado con nuestro *phrasal verb* de hoy ya que, al igual que su equivalente en castellano (**'callarse'**), puede resultar un poco ofensivo. Si quieres mandar a alguien callar más suavemente, puedes optar por: ***"Would you mind being a bit quieter?"*** (literalmente: **'¿Te importaría ser un poco más silencioso?'**) o ***"Would you mind not shouting?"***, **'¿Te importaría no gritar?'**.

Otras formas intermedias de pedir silencio, entre ***"Shut up!"***, que resulta bastante brusco y las mencionadas arriba, son por ejemplo: ***"Be quiet, please"*** o ***"Silence, please"***.

Por otro lado, recuerda que el verbo ***"to shut"*** a secas es sinónimo de ***"to close"***. Sí que decimos: ***"Shut the door"***, ***"shut the window"*** e incluso ***"shut your trap!"***, **'¡cierra el pico!'**.

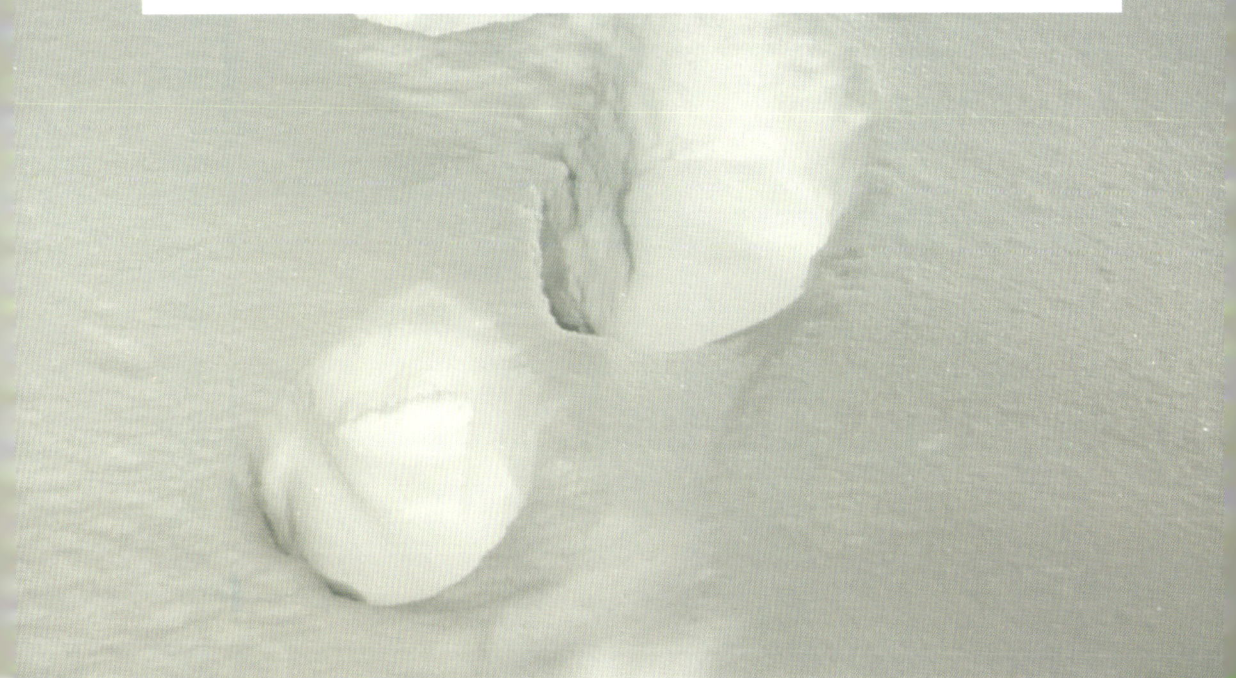

Te pedimos disculpas ¡ya que la mayoría de estos ejemplos tienen bastante mala uva! Intenta decirlos en voz alta con la entonación que merecen, ¡la entonación de alguien que está enfadado!

¿Por qué no te callas?	**Why don't you shut up?**
¡Cállate! Me estás dando dolor de cabeza.	**Shut up! You're giving me a headache.**

"Shut up" se pronuncia **/sháatttáap/** y no como se escribe. Presta atención al audio.

Me callaré cuando termine de decir lo que tengo que decir.	**I'll shut up when I finish saying what I have to say.**
¡No me digas que me calle!	**Don't you tell me to shut up!**
Cuando está enamorado, es imposible hacerle callar.	**When he's in love, it's impossible to make him shut up.**

También se podría decir ***"...it's impossible to shut him up"***.

Mi novia se enfada si le digo que se calle.	**My girlfriend gets angry if I tell her to shut up.**
¡Cállate!, ¡¿quieres?!	**Shut up, will you?!**

Seguimos con frases un poco más complicadas. Ten en cuenta que solemos encadenar ***"shut"*** y ***"up"*** cuando hablamos, diciendo **/sháatttaap/** (y algunos americanos lo pronuncian así: **/sháadddaap/**).

No es tan difícil callarse, lo único que tienes que hacer es cerrar la boca.	**It's not that difficult to shut up, all you have to do is to close your mouth.**
Padece verborrea, es por eso que nunca se calla.	**He suffers from verbal diarrhoea, that's why he never shuts up.**

¡Vaya trabalenguas! De hecho, es más fácil pronunciar ***"diarrhoea"*** que escribirla: **/daieeríia/**.

¡Más vale que te calles!	**You'd better shut up!**
(Él) me dijo que me callara.	**He told me to shut up.**
Cuando ella le dijo que se callara (a él), todo el mundo dejo de hablar.	**When she told him to shut up, everyone stopped talking.**

¿Cómo se dice **'he oído hablar de él'**?

"I've heard of him"

Si no te callas, va a haber problemas.	**If you don't shut up there's going to be trouble.**
De verdad tienes que aprender a callarte.	**You really need to learn when to shut up.**

PARA PRONFUNDIZAR...

El adjetivo ***"witty"*** se usa cuando se trata de alguien que es ingenioso cuando habla; suele hablar con inteligencia y hacer reír a los demás. ***"Ingenious"*** se usa para hablar de una **idea**, una **solución** etcétera, no de una persona.

¿QUÉ DEBO EVITAR?

Demasiados no nativos pronuncian ***"earth"*** así /earz/. No, no, ¡¡NOOO!! Se pronuncia **/éez/**, sin rastro de la 'r' ni de la 'a'.

5

SABER MÁS...

Además de ***"thoughtful"***, el término **'considerado'** se puede decir ***"considerate"***, pronunciado **/consíderet/**. Por ejemplo ***"She's very kind and considerate"***, **'Ella es muy amable y considerada'**.

¡Pon el CD!
Pista de audio
15

Tener un vocabulario amplio te va a ayudar a sentirte cómodo cuando tengas que expresarte en inglés. Te presentamos ahora ocho palabras imprescindibles. ¡Trabájalas hasta tener un total dominio de ellas!

Vocabulario

Adjetivos positivos para describir a la gente

con los pies en la tierra	**down-to-earth**	**/dauntuéez/**
digno de confianza	**trustworthy**	**/tráastueezii/**
risueño	**cheerful**	**/chíiaful/**
ingenioso	**witty**	**/uítttii/**
servicial	**helpful**	**/hhhélpful/**
de trato fácil	**easygoing**	**/íisiigggóuin(g)/**
comprensivo	**understanding**	**/aannndassstánnndin(g)/**
considerado	**thoughtful**	**/zóotful/**

Con este *Paso* queremos difundir mucha positividad, ¡mostrándote algunas características positivas y deseables con las que podemos definir a una persona! Antes de empezar, piensa en un par de personas que aprecies mucho y descríbelas en voz alta, sirviéndote de los términos del recuadro de arriba.

Dado que cuesta mucho tiempo dominar el uso del pasado simple y el presente perfecto, a continuación vamos a repasar el uso de ambos tiempos verbales mientras trabajamos los ocho términos nuevos.

John siempre ha sido un tipo de trato muy fácil.	**John's always been a really easygoing guy.**

Aquí se emplea el presente perfecto porque John sigue siendo **'de trato fácil'**.

Has sido tan comprensivo y considerado, gracias.	**You've been so understanding and thoughtful, thank you.**
Samantha era una empleada muy digna de confianza; la echo de menos.	**Samantha was a very trustworthy employee; I miss her.**

Empleamos el pasado simple en este caso, porque Samantha ya no trabaja en la empresa; se trata de un periodo de tiempo que ha terminado.

Jason ha sido extremadamente servicial últimamente; me alegro de que esté aquí.	**Jason has been extremely helpful recently; I'm glad he's here.**

Lo contrario de ***"helpful"*** no es *"helpless"*, sino ***"unhelpful"***. ***"Helpless"*** significa **'desamparado'** o **'impotente'**, según el contexto.

Aunque (él) sea una gran estrella, siempre ha permanecido con los pies en la tierra.	**Although he's a big star, he's always remained very down-to-earth.**
Era un tipo muy ingenioso y risueño; ¿dónde estará ahora?	**He was a very witty and cheerful guy; I wonder where he is now.**

En estos ejemplos repasamos estructuras y términos que has aprendido en esta entrega y en la anterior. Empezamos con la expresión que aprendiste en el *Paso* 2 de este mismo libro (*"to hear of"*).

¿No has oído hablar de Stewart Lee? Es muy ingenioso.	**Haven't you heard of Stewart Lee? He's really witty.**

Además de ***"Stewart"*** existe la versión que se escribe ***"Stuart"*** (ambos se pronuncian igual: /ssstúueettt/).

Todo el mundo habla de lo servicial que es Bob, pero nunca ha sido servicial conmigo.	**Everyone talks about how helpful Bob is, but he's never been helpful with me.**
Sally siempre es de trato fácil y comprensiva.	**Sally is always (/óolueis/) really easygoing and understanding.**
Todos mis amigos tienen los pies en la tierra.	**All my friends are very down-to-earth.**
¡Ella es la persona más risueña que conozco!	**She's the most cheerful person I know!**
Necesitamos que alguien digno de confianza trabaje en esto.	**We need someone trustworthy working on this.**
Eso es muy considerado por tu parte, ¡gracias!	**That's really thoughtful of you, thanks!**

¿Cómo se dice **'esta semana he escrito...'**?

"This week I've written..."

RECORDATORIO...

No utilices nunca *"the new"* como sustantivo. Nos provoca una indigestión a los angloparlantes nativos. **'La noticia'** siempre es ***"the news"***, mientras que **'una noticia'** se puede traducir como ***"a piece of news"*** o ***"some news"***.

SABER MÁS...

Un uso aún más enfático de ***"just"*** + **el presente perfecto** o + **el pasado simple**, es ***"just this minute"*** + **el presente perfecto** o + **el pasado simple**. Por ejemplo: ***"I've just this minute sent the email"*** significa **'justo acabo de mandar el correo'**.

6

PRONUNCIACIÓN:

Cuando en inglés hacemos preguntas utilizando la estructura ***"Have you...?"***, solemos pronunciar ambas palabras como si se tratase de una sola. Decimos **/hhhávvviuu/**.

¡Pon el CD!
Pista de audio
16

Gramática II

Have just...

Hasta el momento hemos estudiado el uso del presente perfecto para hablar de algo que ha pasado durante un periodo de tiempo que aún no ha acabado. En el *Paso* que nos ocupa, vas a ver que también empleamos el presente perfecto cuando decimos que acabamos de hacer algo, colocando el término *"just"* delante del verbo principal. Esto es así en inglés británico.

I've just seen your brother.	**Acabo de ver a tu hermano.**

En inglés americano también es muy normal expresar que acabamos de hacer algo colocando *"just"* antes del verbo principal y con el pasado simple en lugar del presente perfecto.

I just saw your brother.	**Acabo de ver a tu hermano.**

Te invitamos a que le saques doble partido a este *Paso*, traduciendo los ejemplos primero con el presente perfecto y luego con el pasado simple.

Recuerda que el uso de *"just"* implica que un acontecimiento acaba de pasar. Para hacer hincapié en el hecho de que algo acabo de pasar hace muy poco tiempo, pronuncia la frase con el énfasis en la palabra *"just"*.

Acabo de encontrar un error en el texto.	**I've just found a mistake in the text.**
Se acaban de casar.	**They've just got married.**

Antes de seguir, céntrate en la forma en que pronuncias la palabra *"just"*. ¿A que estás diciendo /iúst/ igual que el locutor del famoso anuncio de tintes capilares para hombres? Pues muy mal. Se pronuncia /lláast/, con una **'ll'** muy fuerte (casi como una **'ch'**) al principio.

Acabo de tener una idea.	**I've just had an idea.**
Acabamos de abrir una cuenta bancaria en Internet.	**We've just opened an internet bank account.**
Ella acaba de entrar en el quirófano.	**She's just gone into the operating theatre.**

Nuestra forma de decir **'quirófano'** recuerda a las lecciones de anatomía y cirugía de hace unos siglos, cuando se llevaban a cabo operaciones médicas en salas universitarias para los 'espectadores' o estudiantes de Medicina.

Lo siento, pero Gary se acaba de marchar de la oficina.	**Gary's just left the office, I'm afraid.**
Acabamos de mudarnos.	**We've just moved house.**

Seguimos con unos ejemplos más. Recuerda que, como mencionamos en la página **74**, **'la noticia'** nunca se traduce por *"the new"*.

Me acaban de contar la noticia.	**They've just told me the news.**
Acabo de hablar con ella.	**I've just spoken to her.**
Mi jefe acaba de subirme el sueldo.	**My boss has just given me a raise.**

En Gran Bretaña decimos ***"a rise"***.

Acabo de enviar un correo a todos los empleados sobre el asunto.	**I've just sent out an e-mail to all the employees about the matter.**

En el ejemplo anterior sería perfectamente correcto emplear el verbo ***"to send"*** sin la partícula ***"out"***. Usamos ***"to send out"*** cuando hacemos un envío masivo, bien sea real o, como en el caso de los correos electrónicos, virtual.

Acaban de decidir venir con nosotros.	**They've just decided to come with us.**
¡El Arsenal acaba de marcar!	**Arsenal has just scored!**
Acabo de leer tu carta.	**I've just read your letter.**

OTRO USO...

Se puede usar *"to meet up with somebody"* para decir **'reunirse'** o **'quedar'** con alguien o con varias personas: *"I met up with my friends yesterday"*, **'Quedé con mis amigos ayer'**.

7

UNA CURIOSIDAD...

El verbo *"to steal"* se pronuncia igual que el sustantivo *"steel"*, que significa **'acero'**, **/ssstíil/**. Por ejemplo: ***"They /ssstíil/ lots of /ssstíil/ from factories"***, **'Roban mucho acero de fábricas'**.

SABER MÁS...

Un sustantivo relacionado con el verbo *"to quit"* es *"a quitter"*, que se refiere a alguien que se rinde fácilmente ante cualquier reto.

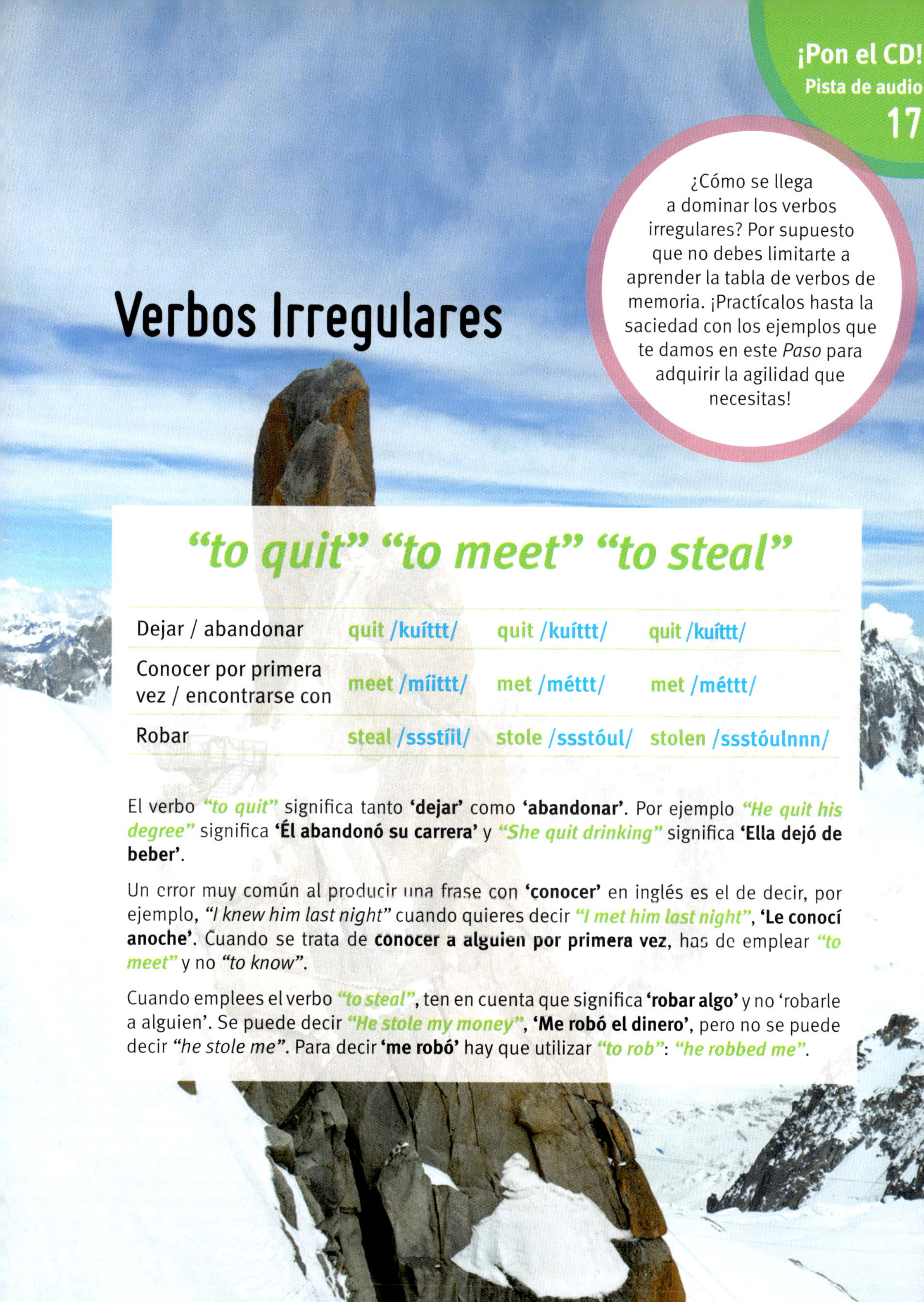

¡Pon el CD!
Pista de audio
17

¿Cómo se llega a dominar los verbos irregulares? Por supuesto que no debes limitarte a aprender la tabla de verbos de memoria. ¡Practícalos hasta la saciedad con los ejemplos que te damos en este *Paso* para adquirir la agilidad que necesitas!

Verbos Irregulares

"to quit" "to meet" "to steal"

Dejar / abandonar	**quit /kuítt/**	**quit /kuítt/**	**quit /kuíttt/**
Conocer por primera vez / encontrarse con	**meet /míittt/**	**met /méttt/**	**met /méttt/**
Robar	**steal /ssstíil/**	**stole /ssstóul/**	**stolen /ssstóulnnn/**

El verbo *"to quit"* significa tanto **'dejar'** como **'abandonar'**. Por ejemplo *"He quit his degree"* significa **'Él abandonó su carrera'** y *"She quit drinking"* significa **'Ella dejó de beber'**.

Un error muy común al producir una frase con **'conocer'** en inglés es el de decir, por ejemplo, *"I knew him last night"* cuando quieres decir *"I met him last night"*, **'Le conocí anoche'**. Cuando se trata de **conocer a alguien por primera vez**, has de emplear *"to meet"* y no *"to know"*.

Cuando emplees el verbo *"to steal"*, ten en cuenta que significa **'robar algo'** y no 'robarle a alguien'. Se puede decir *"He stole my money"*, **'Me robó el dinero'**, pero no se puede decir *"he stole me"*. Para decir **'me robó'** hay que utilizar *"to rob"*: *"he robbed me"*.

Empezaremos con unas oraciones muy cortas y sencillas para practicar los tres tiempos verbales de los tres verbos que nos ocupan.

Todos los días dejo.	**Every day I quit.**
Ayer dejé.	**Yesterday I quit.**
Últimamente he dejado.	**Lately I've quit.**
Todos los días ella se encuentra con...	**Every day she meets...**
Ayer ella conoció a...	**Yesterday she met...**
Últimamente ella se ha encontrado con...	**Lately she's met...**

En lugar de ***"lately"*** se puede emplear ***"recently"***.

Todos los días roban.	**Every day they steal.**
Ayer robaron.	**Yesterday they stole.**
Últimamente han robado.	**Lately they've stolen.**

Escúchate bien. ¿Estás seguro de que no estás añadiendo una 'e' antes del verbo ***"to steal"***? Se pronuncia **/ssstíiil/** (con una **'i'** larga) y no /estiiil/. El pasado, ***"stole"***, se pronuncia **/ssstóul/**.

Ahora, como siempre, seguiremos practicando los tres verbos irregulares en contextos más extensos. La palabra *"fortnight"* significa **'quincena'** y es muy común, sobre todo en el Reino Unido.

Hace dos semanas dejé mi empleo, y esta semana Rob ha dejado el suyo.	**A fortnight ago I quit my job, and this week Rob's quit his.**

Hace dos semanas alguien me robó la cartera en el metro, ¡y hoy alguien me ha robado las llaves!	**A fortnight ago someone stole my wallet in the metro, and today someone's stolen my keys!**

Hace dos semanas Nigel conoció al Papa, y esta vez ha conocido a un obispo.	**A fortnight ago Nigel met the Pope, and this time he's met a bishop.**

"Pope" no se pronuncia como se escribe. La 'o' se convierte en **/ou/**: **/póup/**.

Hace dos semanas mi hermano dejó de fumar, y hoy yo he dejado el café.	**A fortnight ago my brother quit smoking, and today I've quit coffee.**

Cualquier verbo que siga a ***"to quit"*** tiene que estar en gerundio.

Hace dos semanas Larry dejó de molestarnos, y esta semana ha dejado de molestar a Jen.	**A fortnight ago Larry quit bothering us, and this week he's quit bothering Jen.**

Hace dos semanas el presidente robó 2.000.000$, y este mes ha robado 3.	**A fortnight ago the president stole $2,000,000, and this month he's stolen 3.**

Hace dos semanas mi cuñado conoció a su padre por primera vez, y hoy ha conocido a su madre.	**A fortnight ago my brother-in-law met his father for the first time, and today he's met his mother.**

SABER MÁS (I)...

El verbo ***"to wrap"***, **'envolver'**, es un verbo regular, por lo tanto decimos: ***"yesterday I wrapped"*** y ***"this week I've wrapped"***.

8

SABER MÁS (II)...

Mientras que ***"to oversleep"*** se usa cuando deberías haberte levantado antes, como cuando tienes que ir al trabajo, ***"to sleep in"*** significa **'levantarse tarde'**, ya sea por accidente o porque elegimos hacerlo, por ejemplo los fines de semana.

SABER MÁS (III)...

En inglés no decimos que una alarma 'suena' sino que 'llama'; es decir, ***"an alarm rings"*** y no *"an alarm sounds"*. También utilizamos el verbo ***"to go off"***: ***"My alarm goes off at 7 am"***.

¡Pon el CD!
Pista de audio
18

Comprensión Auditiva

Una de las claves del éxito para aprender cualquier idioma es la capacidad de entender y ser entendido. Si no tienes una buena comprensión auditiva del inglés, no podrás usarlo en el mundo real, lejos de la comodidad que proporcionan las aulas.

En este *Paso* te pondremos a prueba cada semana con la locución de un texto en inglés cotidiano. Primero, pon el audio y mientras lo escuchas, intenta contestar a las cinco preguntas de esta página. Después, en la página siguiente, lee dicho texto en inglés y las anotaciones que te ofrecemos. Si es necesario, vuelve a escuchar el audio y contesta cualquier pregunta que no hayas sabido responder antes. Para terminar, en la página **85** puedes encontrar la traducción del párrafo al castellano y las respuestas a las preguntas de abajo. ¡Compruébalas!

1. **What did Simon do the other day?**

2. **For what kind of reason?**

3. **Where does he keep his alarm clock?**

4. **Since the alarm is so loud, what does he do to it?**

5. **What did his wife do in his story?**

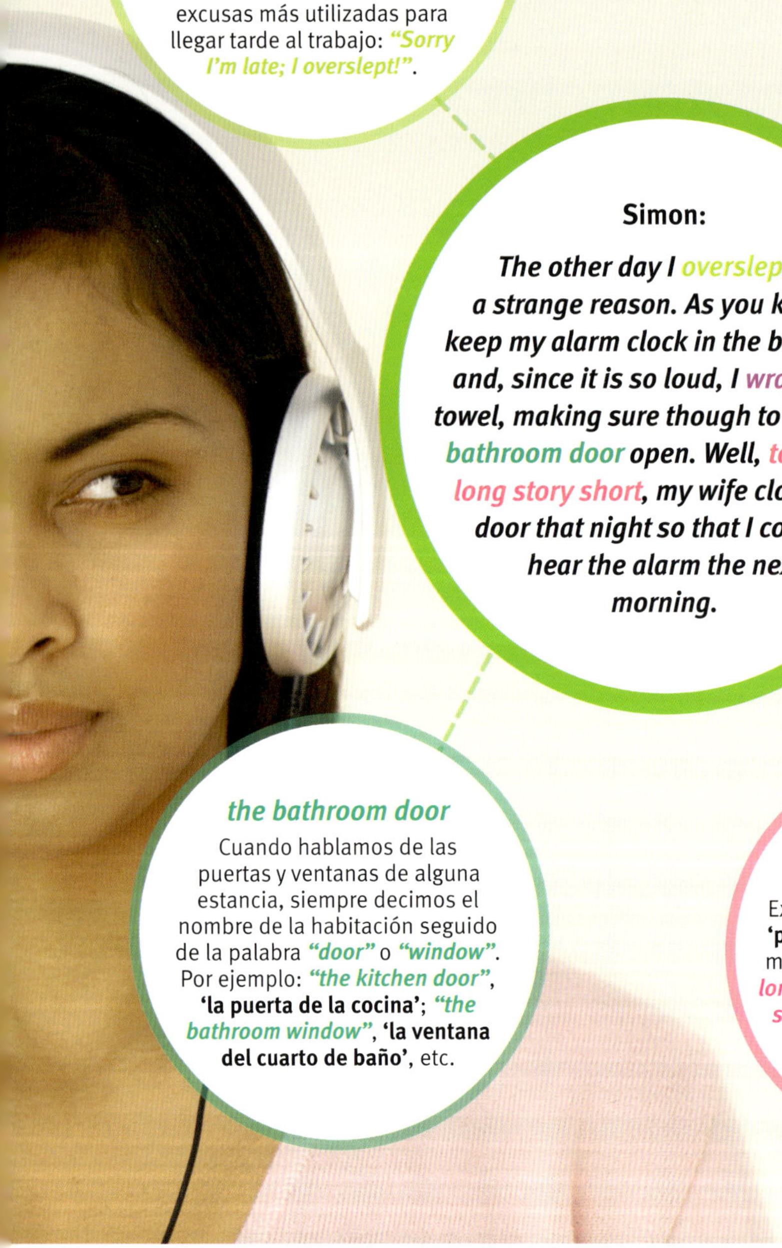

Simon:

The other day I overslept for a strange reason. As you know, I keep my alarm clock in the bathroom and, since it is so loud, I wrap it in a towel, making sure though to leave the bathroom door open. Well, to make a long story short, my wife closed the door that night so that I couldn't hear the alarm the next morning.

overslept

El uso del prefijo *"over"* en este caso y muchos otros implica la idea de exceso. Empleamos el verbo *"to oversleep"* cuando se nos pegan las sábanas o cuando nos quedamos dormidos más de la cuenta. De hecho, es una de las excusas más utilizadas para llegar tarde al trabajo: *"Sorry I'm late; I overslept!"*.

to wrap

El verbo ***"to wrap"*** empieza por una 'w' silenciosa. Por tanto se pronuncia **/rap/**. Lo mismo ocurre con su derivado ***"wrapping paper"***, que significa **'papel de regalo'**.

the bathroom door

Cuando hablamos de las puertas y ventanas de alguna estancia, siempre decimos el nombre de la habitación seguido de la palabra ***"door"*** o ***"window"***. Por ejemplo: *"the kitchen door"*, **'la puerta de la cocina'**; *"the bathroom window"*, **'la ventana del cuarto de baño'**, etc.

to make a long story short

Existen varias formas de decir **'para resumir'**. Entre ellas, las más comunes son: *"to make a long story short"*, *"to cut a long story short"* y *"in a nutshell"* (literalmente: 'en la cáscara de una nuez').

Simon:

El otro día me quedé dormido por un extraño motivo. Como sabes, guardo mi despertador en el cuarto de baño y, puesto que es tan ruidoso, lo envuelvo en una toalla, pero asegurándome de dejar abierta la puerta del baño. Bueno, para resumir, mi mujer cerró la puerta esa noche, de modo que no pude oír el despertador a la mañana siguiente.

1. **What did Simon do the other day?**
   He overslept.
2. **For what kind of reason?**
   For a strange reason.
3. **Where does he keep his alarm clock?**
   In the bathroom.
4. **Since the alarm is so loud, what does he do to it?**
   He wraps it in a towel.
5. **What did his wife do in his story?**
   She closed the door.

Si no supiste contestar alguna de las preguntas, vuelve a poner el audio e inténtalo de nuevo. Estamos seguros de que ahora te será mucho más fácil contestar.

PRONUNCIACIÓN...

Corregimos a nuestros alumnos en muchas ocasiones por pronunciar mal la palabra *"minute"*. La 'u' engaña; se dice **/mínittt/**, enfatizando la primera sílaba.

SABER MÁS...

En lugar de *"twice a week"*, *"once a month"*, etc., también se puede decir ***"twice every week"***, ***"once every month"***, etc. Sin embargo, es más común emplear *"a"*; *"every"* se suele usar para enfatizar.

9

PARA PROFUNDIZAR...

En inglés sí existe el término *"annually"*, **'anualmente'**, pero en el lenguaje cotidiano es más común decir *"a year"* o *"per year"*.

¡Pon el CD!
Pista de audio
19

Números... ¡A paso ligero!

Three times a week

Cuando en inglés hablamos de hacer algo **'x'** veces al día, a la semana o al año, traducimos los términos **'a la'**, **'al'** y **'por'** con el artículo *"a"* o *"an"*. También se puede decir *"per"*, pero resulta bastante menos natural. El uso de *"per"* se encuentra más en los ámbitos científicos, académicos y en algunos contextos de negocios.

Una vez al día.	**Once a day.**
Dos veces al año.	**Twice a year.**
Tres veces al mes.	**Three times a month.**
Cuatro veces a la semana.	**Four times a week.**
Cinco veces por minuto.	**Five times a minute.**
Seis veces por hora.	**Six times an hour.**

Traduce las siguientes frases tapando por supuesto la parte derecha de la página. Si pones el audio, oirás como al hablar unimos las palabras ***"times a"***, creando un sonido nuevo: **/táimmmsssa/**. Si logras hacerlo igual, tus frases sonarán mucho más naturales que si lo haces diciéndolo palabra por palabra.

Juego al tenis tres veces a la semana.	**I play tennis three times a week.**
Utilizo el inglés tres o cuatro veces al día en el trabajo.	**I use English three or four times a day at work.**
Mi jefe trabaja siete días a la semana.	**My boss works seven days a week.**

También encadenamos ***"days"*** y ***"a"***, diciendo **/dddéisa/**.

Deberías lavarte los dientes al menos dos veces al día.	**You should clean your teeth at least twice a day.**
Mi corazón late a unas 60 pulsaciones por minuto.	**My heart beats at around 60 beats a minute.**

Nuestra palabra para corazón no se pronuncia /jeart/ sino **/hhháaattt/** ¡con una **'h'** aspirada!

¡Cuando te veo, late a unas 200 pulsaciones por minuto!	**When I see you, it beats at around 200 beats a minute!**

En los ámbitos deportivos hablamos de ***"BPM"*** que significa ***"beats per minute"***, **'latidos por minuto'.**

Ahora añadimos los usos de *"x times a year"*, **'x veces por año'**, *"x times a fortnight"*, **'x veces por quincena'** y otros usos de la estructura que nos ocupa. Recuerda que *"year"* se pronuncia /yíia/, pero sin que roce la lengua contra el paladar.

Normalmente practico la vela tres veces al año.	**I usually go sailing three times a year.**
La mayoría de la gente trabaja unas 48 semanas al año.	**Most people work around 48 weeks a year.**
Suelo ir a correr cuatro veces por semana.	**I usually go running four times a week.**
La veo alrededor de una vez por quincena.	**I see her about once a fortnight.**

¿Cómo se dice **'se acaban de casar'**?

"They've just got married" o *"They just got married"*

Cambian los barriles unas dos veces por tarde los fines de semana.	**They change barrels about twice an evening on the weekends.**
Cambian los neumáticos unas dos veces por carrera.	**They change tyres about twice a race.**

Ten en cuenta que *"tyres"* se escribe *"tires"* en inglés americano.

¡El protagonista dice palabrotas unas quinientas veces por episodio!	**The main character swears about five hundred times an episode!**

NI SE TE OCURRA

Emplear el pasado simple para hablar de acciones que han sucedido en un periodo de tiempo que aún no ha concluido. En estos casos lo correcto es usar el presente perfecto. Hay que decir por ejemplo: ***"I've done a lot of things today"*** y no *"I did a lot of things today"*.

NO OLVIDES QUE

Frases en castellano que emplean **'acabar de hacer algo'** se traducen con el presente perfecto junto con ***"just"*** en inglés británico y con el pasado simple con ***"just"*** en inglés americano.

10

¿QUÉ DEBO EVITAR?

Evita usar el *phrasal verb* ***"to shut up"*** si quieres mandar callar a alguien educadamente. Decirle: ***"Shut up!"*** a alguien resulta bastante agresivo en inglés. ***"Please be quiet"*** sería una alternativa un poco más suave.

¡Pon el CD!
Pista de audio
20

¡Ha llegado la hora del test final! El repaso es la clave del éxito y nunca lo podemos olvidar. ¿Has logrado hacerte con todas las palabras, estructuras y sonidos de esta entrega? No sólo se trata de entenderlas, sino también de reproducirlas con confianza y soltura.

¡El rePaso!

Ayer hablé con tres personas, pero hoy no he hablado con nadie.	**Yesterday I spoke to three people, but I haven't spoken to anyone today.**
Hoy hemos encontrado dos errores, pero ayer no encontramos ninguno.	**Today we've found two mistakes, but yesterday we didn't find any.**
El teléfono no ha dejado de sonar esta mañana.	**The phone hasn't stopped ringing this morning.**
Nadie ha oído hablar de ti.	**Nobody's heard of you.**

Por si tradujiste **'nadie'** como *"no one"*, los pronombres *"nobody"* y *"no one"* (**'nadie'**) son totalmente intercambiables, así que usa cualquiera de los dos.

No me puedo creer que nunca hayas oído hablar de esa serie de televisión.	**I can't believe you've never heard of that TV series.**
¿Has oído hablar de Don Quijote?	**Have you heard of Don Quixote?**
Sólo he salido del país una vez.	**I've only left the country once.**

No traduzcas **'una vez'** por *"one time"*, ya que casi nunca lo decimos. Preferimos decir ***"once"*** y lo pronunciamos /**uáansss**/.

¿Qué país es más grande, Rusia o Canadá?	**Which country is bigger, Russia or Canada?**
Me callaré cuando termine de decir lo que tengo que decir.	**I'll shut up when I finish saying what I have to say.**
¡No me digas que me calle!	**Don't you tell me to shut up!**
Cuando está enamorado es imposible hacerle callar.	**When he's in love it's impossible to make him shut up.**

También se podría decir ***"...it's impossible to shut him up"***.

John siempre ha sido un tipo de trato muy fácil.	**John's always been a really easygoing guy.**

Aquí se emplea el presente perfecto porque John sigue siendo de trato fácil.

Samantha era una empleada muy digna de confianza; la echo de menos.	**Samantha was a very trustworthy employee; I miss her.**

Empleamos el pasado simple en este caso, porque Samantha ya no trabaja en la empresa; se trata de un periodo de tiempo que ha terminado.

¡Ella es la persona más risueña que conozco!	**She's the most cheerful person I know!**

No olvides que los tres ejemplos siguientes quedarían más naturales en pasado simple al otro lado del charco.

Acabamos de mudarnos.	**We've just moved house.**
Mi jefe acaba de subirme el sueldo.	**My boss has just given me a raise.**

Acabo de enviar un correo a todos los empleados sobre el asunto.	**I've just sent out an e-mail to all the employees about the matter.**
Hace dos semanas alguien me robó la cartera en el metro, ¡y hoy alguien me ha robado las llaves!	**A fortnight ago someone stole my wallet in the metro, and today someone's stolen my keys!**
Hace dos semanas Larry dejó de molestarnos, y esta semana ha dejado de molestar a Jen.	**A fortnight ago Larry quit bothering us, and this week he's quit bothering Jen.**
Hace dos semanas Nigel conoció al Papa, y esta vez ha conocido a un obispo.	**A fortnight ago Nigel met the Pope, and this time he's met a bishop.**
El otro día me quedé dormido por un extraño motivo.	**The other day I overslept for a strange reason.**
Asegúrate de dejar la puerta del baño cerrada.	**Make sure you leave the bathroom door shut.**
Suelo ir a correr cuatro veces por semana.	**I usually go running four times a week.**
¡El protagonista dice palabrotas unas quinientas veces por episodio!	**The main character swears about five hundred times an episode!**
Mi corazón late a unas 60 pulsaciones por minuto.	**My heart beats at around 60 beats a minute.**

¡No te engañes! Si no dedicas un mínimo de **20 minutos al día** para repasar y afianzar los conocimientos que te acabamos de enseñar, habrás perdido tu tiempo. El éxito para aprender un idioma depende sólo de una cosa: del esfuerzo continuo del alumno.

nivel avanzado

¡Métete con nosotros!

¿Cuántas veces has imitado a un guiri masacrando tu idioma? Unas cuantas seguramente, y además apostamos lo que sea a que lo haces muy bien. Pues por muy extraño que te parezca, haciendo esto, algo aparentemente tan trivial, tienes la clave para mejorar tu pronunciación cuando hables inglés.

Todos, sin excepción, imitamos sonidos lingüísticos. Por eso cualquier sevillano tiene acento andaluz, y cualquier bilbaíno habla con el acento de esta parte del País Vasco.

Cuando te metes con el **'pobre'** inglés imitándole al hablar, lo haces a la perfección porque sólo te estás centrando en una cosa: en el acento. Las palabras que utilizas son naturalmente las de toda la vida, castellanas.

El problema está en cuando cambias al inglés, ya que todos tus sentidos están centrados en el contenido y no en el continente de tus palabras. Por eso abordas el inglés desde una forma **'bocal'** y desde un posicionamiento **'lingual'** totalmente castellanos. Lo entendemos, es normal.

Pero la próxima vez que intentes imitar a un inglés hablando castellano, céntrate en lo que están haciendo tu boca y tu lengua. Sin darte cuenta, estarás convirtiéndolas en una boca y en una lengua inglesas.

En conclusión, cuando hables inglés, intenta ser más teatral, exagera más y métete con nosotros. Imagínate que estás imitando a un inglés y verás cómo tu acento suena más natural.

¡Túu puedesss!

Lo que vas a ver en el nivel avanzado...

1

El uso de ***"to prefer"*** con sustantivos y con verbos en gerundio.

2

La expresión ***"to take some getting used to"***.

3

La pronunciación de ***"rather"*** y su uso en frases afirmativas y negativas.

4

Aquí vemos el *phrasal verb* ***"to be getting at"***.

5

Estudiamos vocabulario relacionado con cosas que se encuentran en la costa.

6

El uso de ***"I'd rather you..."*** más el pasado simple.

7

Esta vez los verbos irregulares son: ***"to fit"***, ***"to grow"*** y ***"to overhear"***.

8

¡El párrafo de esta **comprensión auditiva** trata sobre varias maneras de remover el café!

9

En el *Paso* de números aprenderás a utilizar ***"worth of"*** con cantidades y medidas.

10

El **rePaso**.

LA ORTOGRAFÍA

'Teatro' en inglés británico se escribe ***"theatre"*** y se pronuncia /zíiata/, mientras que en inglés norteamericano se escribe ***"theater"*** y se pronuncia /zíitur/.

SABER MÁS

La palabra **'campo'** tiene al menos dos traducciones en inglés. ***"Field"*** cuando se refiere a un campo en que se siembran cultivos o a un campo de fútbol, y ***"the countryside"*** cuando hablamos del campo como área rural, lo opuesto a la ciudad.

1

PRONUNCIACIÓN

Ten cuidado con la pronunciación de ***"prefer"***: decimos /prifée/, sin rastro de la 'r' final.

¡Pon el CD!
Pista de audio
21

Gramática I

To prefer

Es curioso, el verbo inglés *"to prefer"*, siendo tan parecido al castellano, no se utiliza en todos los casos en que se emplea **'preferir'**. Se limita prácticamente a expresar preferencias en general.

En este *Paso*, vamos a trabajar el verbo primero cuando va seguido de un sustantivo. Fíjate en el siguiente ejemplo:

I prefer apples	**Yo prefiero las manzanas**

Aquí simplemente colocamos el sustantivo que preferimos justo después de *"prefer"*.

Luego practicarás estructuras en las que el verbo *"to prefer"* va seguido de un gerundio en ejemplos como el siguiente:

I prefer swimming	**Yo prefiero nadar**

Ya que vamos a centrarnos en esta estructura, queremos que te acostumbres a emplear el gerundio en todas las frases en que *"prefer"* vaya seguido de un verbo, si se está hablando de preferencias en general.

A continuación haremos un ejercicio con el verbo ***"to prefer"***, primero seguido de sustantivos. La persona **A** te dirá lo que le gusta y tú tendrás que decir que prefieres lo que está puesto en la segunda casilla. Tapa la columna de la derecha y comprueba tus respuestas después de haber trabajado cada frase.

Persona A:		**Tú:**
I like rugby.	Di que prefieres el fútbol.	**I prefer football.**

No traduzcas la frase de arriba *"I prefer the football"*, ya que nos referimos al fútbol en general.

I like the summer.	Di que prefieres el invierno.	**I prefer the winter.**
I like sweet things.	Di que prefieres cosas saladas.	**I prefer savoury things.**

Para hablar de **'algo salado'** decimos ***"something savoury"***, ya que ***"something salty"*** significa **'algo con demasiada sal'**. De hecho, el adjetivo ***"salty"*** sólo se usa cuando nos hemos pasado con la sal.

I like black coffee.	Di que prefieres café con leche.	**I prefer white coffee.**

No se suele decir *"coffee with milk"* ni tampoco *"coffee alone"*, que implicaría tomarse el café sin compañía.

I like the beach.	Di que prefieres el campo.	**I prefer the countryside.**
I like cars.	Di que prefieres las bicicletas.	**I prefer bicycles.**

Cuando hablamos de preferencias en general y al verbo ***"to prefer"*** le sigue otro verbo, éste va en gerundio (***"-ing"***). Ahora, para trabajar esta construcción, la persona **A** te dirá lo que le gusta y tú responderás diciendo que prefieres lo que aparece en la segunda casilla. Recuerda que queremos que emplees el gerundio en todas las frases. Igual que antes, tapa la columna de la derecha y comprueba tus respuestas conforme trabajes las frases.

Persona A		Tú
I like getting up early.	Di que prefieres levantarte tarde.	**I prefer getting up late.**
I like driving fast.	Di que prefieres conducir lentamente.	**I prefer driving slowly.**
I like doing nothing at the weekend.	Di que prefieres hacer muchas cosas los fines de semana.	**I prefer doing lots of things at the weekend.**

El lujo de quedarse dormido unas horas más el domingo se traduce como ***"to sleep in"***. Por ejemplo: ***"I like sleeping in on Sundays"***. No debe confundirse con ***"to oversleep"***, que se emplea cuando se nos pegan las sábanas y nos levantamos más tarde de lo esperado.

I like drinking white wine.	Di que prefieres tomar vino tinto.	**I prefer drinking red wine.**
I like travelling by plane.	Di que prefieres viajar en tren.	**I prefer travelling by train.**

No te líes con las preposiciones. Para hablar de la costumbre de **'viajar en tren'** no digas *"to travel in train"* sino ***"to travel by train"***.

I like listening to pop music.	Di que prefieres escuchar música clásica.	**I prefer listening to classical music.**
I like going to the cinema.	Di que prefieres ir al teatro.	**I prefer going to the theatre.**

PRONUNCIACIÓN

Solemos llamar ***"soft drinks"*** a los **'refrescos'**, aunque también nos referimos a ellos a veces como ***"fizzy drinks"***. Esto en teoría es erróneo, ya que ***"fizzy drinks"*** son sólo **'bebidas con gas'** y no todos los refrescos en general.

VOCABULARIO

Sabías que **'una corbata'** es ***"a tie"***, ¿pero sabes que es un ***"bow tie"*** en inglés? Pues es nuestra forma de decir **'una pajarita'**.

2

UNA CURIOSIDAD

Las primeras sílabas de las palabras ***"vegetarian"***, **'vegetariano'** y ***"vegan"***, **'vegano'** se pronuncian de una manera muy distinta.***"Vegetarian"*** se pronuncia /**vvvechiteeerian**/ y ***"vegan"*** se pronuncia /**vvvíigan**/.

¡Exprésate como un nativo!

TO TAKE SOME GETTING USED TO

/tuteiksaammmguetingiússstu/

Costar acostumbrarse a...

Ya has trabajado ***"used to"***, ***"to get used to"*** y ***"to be used to"*** en los libros **18** y **19** en los *Pasos* de gramática, y ahora te toca dar un paso más adelante.

La expresión de esta semana es una curiosidad. ***"To take some getting used to"*** significa que **'Cuesta acostumbrarse a algo'**.

Cuando queremos decir que **'no cuesta mucho acostumbrarse algo'** decimos: ***"it doesn't take much getting used to"***.

Podemos emplear esta expresión con sustantivos como en la siguientes frase:

A vegetarian diet takes some getting used to	**Cuesta mucho acostumbrarse a una dieta vegetarian**

En cambio, cuando usamos esta expresión con un verbo, hemos de utilizar el gerundio, como el siguiente ejemplo:

Living alone takes some getting used to	**Cuesta acostumbrarse a vivir solo**

La dificultad viene a la hora de comprender la frase al hablar, puesto que solemos decirla a toda velocidad. No te desanimes. Al decir la expresión entera, no hace falta que tengas prisa. Di a tu ritmo /tuteiksaammmguetingiússstu/ intentando enlazar las palabras. Los desafíos te esperan en el audio. Ahí te darás cuenta de lo rápido que decimos esta expresión.

Para ir calentando motores, vamos a trabajar seis frases con nuestra expresión de la semana en el afirmativo. Recuerda que en oraciones afirmativas, esta expresión suele emplear el adjetivo ***"some"*** o sea que decimos ***"to take some getting used to"***.

Cuesta despertarse a las 5 todas las mañanas.	**Waking up at 5am every morning takes some getting used to.**
Cuesta acostumbrarse a los refrescos light.	**Diet soft drinks take some getting used to.**

Curioso pero cierto. Aunque ***"light"*** sea una palabra inglesa, no se emplea en este contexto en inglés. Para los refrescos decimos ***"diet"***.

Cuesta acostumbrarse a llevar corbata.	**Wearing a tie takes some getting used to.**
Cuesta acostumbrarse a hablar en público.	**Speaking in public takes some getting used to.**

Habrás visto que el sujeto de casi todos los ejemplos es un verbo en gerundio y lo ponemos al principio de las frases.

Cuesta acostumbrarse a ser padres.	**Being a parent takes some getting used to.**
Cuesta acostumbrarse a tratar con el público.	**Dealing with the general public takes some getting used to.**

Cuando hablamos del público en general o en el contexto de atención al cliente, solemos especificar y decir ***"the general public"***. Una frase típica que emplea este término es ***"This job involves dealing with the general public"***, **'Este trabajo conlleva tratar con el público'**.

Ahora, vamos a trabajar unas frases en el negativo. No olvides que mientras que en frases afirmativas se dice ***"to take some getting used to"*** en las negativas decimos ***"doesn't take much getting used to"***. Por último, recuerda que en todas las frases que vienen a continuación has de emplear el verbo en gerundio y no en el infinitivo.

No cuesta acostumbrarse a vivir en España.	**Living in Spain doesn't take much getting used to.**
No cuesta mucho acostumbrarse a utilizar un nuevo móvil.	**Using a new mobile phone doesn't take much getting used to.**
No cuesta mucho acostumbrarse a llevar chanclas.	**Wearing flip-flops doesn't take much getting used to.**
No cuesta mucho acostumbrarse a los días soleados.	**Sunny days don't take much getting used to.**
No cuesta mucho acostumbrarse a usar una marca de pasta de dientes nueva.	**Using a new toothpaste brand doesn't take much getting used to.**

Hemos oído a algunos alumnos decir *"marks"* cuando lo que realmente quieren decir es ***"brands"***, **'marcas'**. El *falso amigo* ***"mark"*** significa **'mancha'** o **'nota escolar'** en inglés británico. Existen más significados aún, demasiados para nombrar aquí.

No cuesta mucho acostumbrarse a vivir en una casa más grande.	**Living in a bigger house doesn't take much getting used to.**
No cuesta nada acostumbrarse a tener más tiempo libre.	**Having more free time doesn't take much getting used to at all.**

Habrás notado que esta frase es un poco distinta a las otras porque le hemos añadido 'nada'. La mejor forma de traducirla al inglés es colocando ***"at all"***, **'en absoluto'**, al final de la frase.

PRONUNCIACIÓN...

Además de decir /a/ al final de ***"rather"*** en lugar de /er/, también has de tener cuidado al pronunciar el primer sonido vocálico. Di **/ráaaza/** con una **'a'** alargada y no /ráza/ con una 'a' corta.

SABER MÁS...

Si alguien te sugiere algo que no te apetece, puedes contestar ***"I'd rather not"***, **'prefiero no'**, a secas. Por ejemplo -***"Do you want to go for a run?"*** -***"I'd rather not"*** , -**'¿Quieres ir a correr?'**- **'Prefiero no'**.

PARA PROFUNDIZAR...

La palabra ***"rather"*** también se puede usar para decir **'bastante'** en inglés británico, por ejemplo, ***"It's rather hot today"***, **'Hace bastante calor hoy'**. Sin embargo, este uso se oye cada vez menos hoy en día.

¡Pon el CD!
Pista de audio
23

¡No queremos que tengas una mala experiencia lingüística cuando quieras expresarte! Para que los angloparlantes te entiendan, entre otras cosas es imprescindible una buena pronunciación.

Pronunciación

Veamos cómo se pronuncia...

RATHER

/rázer/

¡No pases!

/ráaaza/

¡Puedes pasar!

Cuando alguien nos sugiere una idea y le contestamos diciendo que preferimos hacer otra cosa, no solemos utilizar el verbo ***"to prefer"*** en inglés. En su lugar empleamos una curiosa expresión: ***"I would rather"***, que se suele contraer como ***"I'd rather"***. Aquí le sigue el verbo básico (infinitivo sin *"to"*) y no el gerundio.

I'd rather + verbo básico

Cuando no quieres hacer algo, puedes usar esta estructura en negativo con el infinitivo sin *"to"*:

I'd rather + not + verbo básico

En cuanto a la pronunciación, no caigas en el error de producir el sonido /er/ al final de la palabra ***"rather"***; como todas las palabras inglesas que acaban en ***"-er"*** hay que pronunciar el último sonido así: /a/ (**/ráaaza/**). Algunos nativos lo pronuncian /ee/ (**/ráaazee/**), pero para no complicar las cosas, nosotros nos ceñimos al uso de /a/.

A continuación te vamos a proponer hacer varias cosas y tienes que contestar que preferirías hacer lo que aparece indicado en la casilla del medio, por supuesto con la estructura ***"I'd rather..."***. Todos los términos de esta página se han visto en entregas anteriores.

Shall we go to the theatre?	**cinema**	**I'd rather (/ráaaza/) go to the cinema.**
Shall we have some tea?	**coffee**	**I'd rather (/ráaaza/) have some coffee.**
Shall we keep going?	**stop**	**I'd rather stop.**
Shall we go to the pub?	**stay at home**	**I'd rather stay at home.**

También se puede decir ***"to stay in"*** para decir **'quedarse en casa'**, sin la palabra *"home"*.

Shall we phone them tonight?	**tomorrow**	**I'd rather phone them tomorrow.**
Shall we go for a coffee and catch up tomorrow?	**next week**	**I'd rather catch up next week.**
Do you want to go horse riding tomorrow?	**abseiling**	**I'd rather go abseiling.**

Recuerda que ***"abseiling"*** se pronuncia **/ábseilin(g)/**.

Ahora te presentamos algunas situaciones en castellano en las que tienes que decir una frase en inglés que empiece con ***"I'd rather not..."*** y que exprese la misma idea.

No quieres ir al cine.	**I'd rather not go to the cinema.**
No quieres comprometerte de momento.	**I'd rather not commit myself for the time being.**

El verbo ***"to compromise"*** significa **'llegar a un acuerdo después de que ambas partes ceden en algo'** y no 'comprometerse'.

No quieres ir al colegio.	**I'd rather not go to school.**

No olvides que es incorrecto emplear *"to"* después de ***"not"*** en esta estructura.

No quieres ir de compras hoy.	**I'd rather not go shopping today.**
No quieres tener que levantarte temprano mañana.	**I'd rather not have to get up early tomorrow.**
No quieres ir al circo.	**I'd rather not go to the circus.**
No quieres escuchar sus problemas (de él).	**I'd rather not listen to his problems.**

PARA PROFUNDIZAR...

Otra manera de decir: ***"What are you getting at?"***, **'¿Qué quieres decir?'**, es ***"What are you on about?"*** o bien ***"What are you banging on about?"***, que son maneras muy coloquiales de preguntar: **'¿De qué estás hablando?'**.

SABER MÁS...

En los ejemplos verás la expresión ***"What on earth...?"*** que significa **'¿Qué demonios...?'**. Otra manera -un poco mal educada- de decir esto es ***"What the hell...?"***.

4

¿QUÉ DEBO EVITAR?

Aunque la pregunta ***"What are you getting at?"*** pueda traducirse como **'¿A dónde quieres llegar?'** en sentido figurado, evita decir: *"Where are you getting at?"*, porque en inglés decimos ***"what"***, no *"where"*, en estos casos.

¡Pon el CD!
Pista de audio
24

No es necesario aprender todos los *phrasal verbs* que existen, pero sí dominar los más comunes. Si practicas a tope un único *phrasal verb* cada semana, tu inglés dará pasos de gigante.

Phrasal Verbs
¡Un Paso de Gigante!

"to be getting at"

El *phrasal verb* que presentamos hoy significa **'querer decir'** o **'insinuar'**, es decir, es un sinónimo de los verbos ***"to mean"*** y ***"to insinuate"***. Se emplea sobre todo cuando hay una duda respecto a lo que alguien quiere decir.

Curiosamente, este *phrasal verb* siempre se usa con el gerundio. No decimos *"he gets at"* ni *"she got at"*; ***"get"*** siempre aparece en la forma acabada en ***"-ing"***.

La estructura ***"to be trying to get at"*** es otra forma de decir lo mismo y la verás en la última página de este Paso.

Ten en cuenta que este *phrasal verb* ¡no es de los más educados si lo utilizas en la segunda persona del singular! Si le dices a alguien ***"What are you getting at?"***, implica un poco de irritación por tu parte.

No entiendo lo que quieres decir.	**I don't understand what you're getting at.**
¿Qué demonios estás insinuando?	**What on earth are you getting at?**
No tengo ni idea de lo que quiere decir ella.	**I have no idea what she's getting at.**

Te recordamos la importancia de pronunciar el verbo más la preposición ***"at"*** como un único sonido, **/guétttingattt/**.

Lo que quiero decir es que creo que es una buena idea.	**What I'm getting at is that I think it's a good idea.**
¿Quieres decir algo en particular?	**Are you getting at something in particular?**

Al usar ***"something"*** en la pregunta da la impresión de que sospechamos que la respuesta será afirmativa. Si no tuviéramos ni idea, tenderíamos a usar ***"anything"***.

Eso es exactamente lo que quiero decir.	**That's exactly what I'm getting at.**
¿Todavía no has comprendido lo que quiero decir?	**Haven't you understood what I'm getting at yet?**

Seguimos trabajando el uso de ***"to be getting at"*** y, además, en los dos últimos ejemplos podrás ver el uso de ***"to be trying to get at"***. Se trata de otra manera de decir lo mismo.

Lo siento, no estaba segura de lo que querías decir.	**I'm sorry; I wasn't sure what you were getting at.**
¿Qué quieres decir con esta larga explicación?	**What are you getting at with this long explanation?**

¿Cómo se dice **'prefiero cosas saladas'**?

"I prefer savoury things"

No tenía ni idea de lo que (él) quería decir, así que colgué el teléfono.	**I had no idea what he was getting at so I hung up the phone.**
¿Qué demonios quería decir ese tipo? ¡Estoy completamente perdido!	**What on earth was that guy getting at? I'm completely lost!**
¿Qué quiere decir ese imbécil? ¿¡Está diciendo que es culpa mía!?	**What's that idiot getting at? Is he saying it's my fault!?**
No tengo ni idea de lo que quieres decir; ¡deja de hablar con rodeos!	**I've got no idea what you're trying to get at; stop speaking in riddles!**

"A riddle" es **'un acertijo'**.

Lo que quiero decir es que estará mejor visto si lo hago yo.	**What I'm trying to get at is that it'll look better if I do it.**

UNA CURIOSIDAD

"Dock" como sustantivo significa **'dársena'** y como verbo quiere decir **'atracar (un barco)'**; y en el contexto de **'reducir el sueldo'** usamos *"to dock one's wages"*. Por ejemplo: *"His wages were docked for not finishing on time"*, **'Le redujeron el sueldo por no acabar a tiempo'**.

SABER MÁS

Además de *"harbour"*, **'puerto'**, existe el verbo *"to harbour"* que significa **'albergar'** en frases del estilo *"to harbour a criminal"*, **'albergar a un criminal'**.

5

PRONUNCIACIÓN

Acuérdate de pronunciar palabras como *"ferry"* y *"marina"* con tu mejor acento anglosajón, sobre todo en lo que se refiere a la **'r'**.

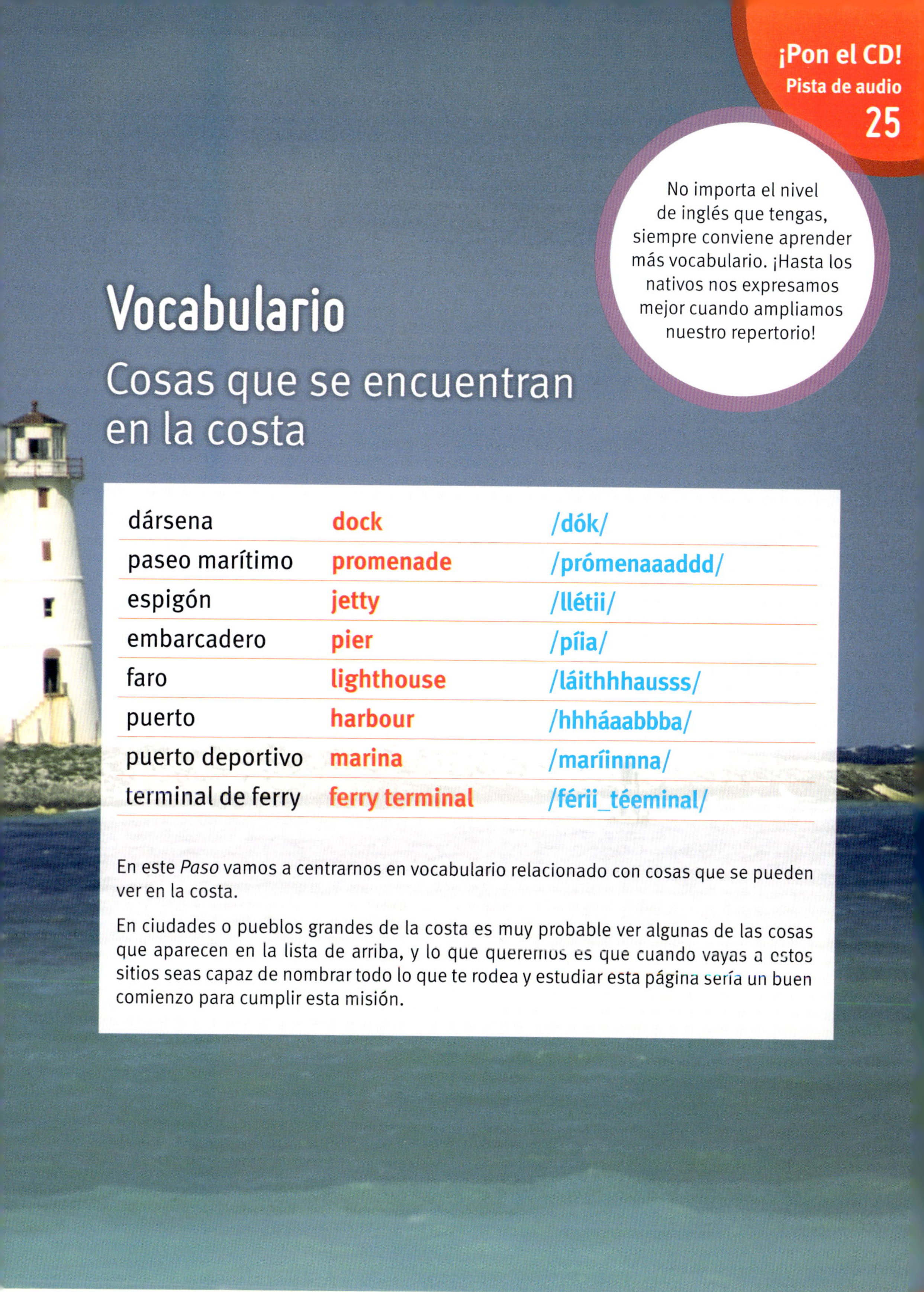

¡Pon el CD!
Pista de audio
25

No importa el nivel de inglés que tengas, siempre conviene aprender más vocabulario. ¡Hasta los nativos nos expresamos mejor cuando ampliamos nuestro repertorio!

Vocabulario

Cosas que se encuentran en la costa

dársena	**dock**	**/dók/**
paseo marítimo	**promenade**	**/prómenaaaddd/**
espigón	**jetty**	**/llétii/**
embarcadero	**pier**	**/pîia/**
faro	**lighthouse**	**/láithhhausss/**
puerto	**harbour**	**/hhháaabbba/**
puerto deportivo	**marina**	**/marîinnna/**
terminal de ferry	**ferry terminal**	**/férii_téeminal/**

En este *Paso* vamos a centrarnos en vocabulario relacionado con cosas que se pueden ver en la costa.

En ciudades o pueblos grandes de la costa es muy probable ver algunas de las cosas que aparecen en la lista de arriba, y lo que queremos es que cuando vayas a estos sitios seas capaz de nombrar todo lo que te rodea y estudiar esta página sería un buen comienzo para cumplir esta misión.

Aquí encontrarás todos los términos de la lista de vocabulario a practicar. Además, te hemos elaborado seis ejemplos que emplean el estilo indirecto con ***"would"*** para que repases este punto que ya vimos en el libro **14**, página **119**.

Ella me dijo que me esperaría frente al faro.	**She told me she would wait for me opposite the lighthouse.**

Él le dijo (a ella) que la esperaría al lado de la terminal de ferry.	**He told her he would wait for her by the ferry terminal.**

¿Ella te dijo que te esperaría en el puerto deportivo o frente al embarcadero?	**Did she tell you that she would wait for you at the marina or opposite the pier?**

Existe el homófono ***"peer"*** (pronunciado igual que ***"pier"***) y significa **'semejante'** (como sustantivo) o **'grupal'**.

Stacey dijo que me buscaría en el paso marítimo.	**Stacey said that she would look for me on the promenade.**

"A promenade" es **'un paseo'**, no necesariamente marítimo. Puede ser cualquier **'paseo'** de ámbito público.

Christopher me dijo que te estaría esperando en la dársena de la bahía.	**Christopher told me he would be waiting for you on the dock of the bay.**

No me acuerdo de si ella me dijo que se encontraría conmigo al lado del puerto o en el espigón.	**I can't remember if she said she would meet me by the harbour or on the jetty.**

En ingles británico escribimos ***"harbour"*** mientras que en Estados Unidos omiten la **'u'** y lo escriben ***"harbor"***.

¿Te dijo ella que te esperaría en la dársena de la bahía o al lado del embarcadero?	**Did she tell you she would wait for you on the dock of the bay or by the pier?**

¿Crees que te sabes ya las ocho palabras que has estado estudiando? Estamos seguros de que sí, pero aún así vamos a repasarlas una vez más, esta vez en frases que emplean el pasado perfecto, que estudiamos en el libro **11** página **99**.

Claudia dijo que había visto una pelea en el paseo marítimo.	**Claudia said she'd seen a fight on the promenade.**

Bert dijo que había oído una fuerte explosión en el espigón.	**Bert said he'd heard a loud bang on the jetty.**

"A loud bang" no tiene por qué ser una explosión en sí sino un fuerte ruido muy repentino.

April dijo que había visto una ballena desde la dársena de la bahía.	**April said she'd seen a whale from the dock of the bay.**

Destiny dijo que había sido testigo de ello al lado de la terminal de ferry; ¿o fue en el embarcadero?	**Destiny said she'd witnessed it by the ferry terminal; or was it on the pier?**

Existe el verbo ***"to witness"*** que significa **'ser testigo de'** en inglés. Además, el sustantivo **'un testigo'** es ***"a witness"*** y se pronuncia **/uítnesss/**.

William me dijo que había visto un delfín nadando cerca del faro.	**William told me that he'd seen a dolphin swimming near the lighthouse.**

Recuerda que el énfasis de la palabra ***"dolphin"*** cae en la primera sílaba. Di siempre **/dólfinnn/**.

Ella me dijo que había sido testigo de dos atracos: uno en el puerto y otro al lado del puerto deportivo.	**She told me that she'd witnessed two robberies: one in the harbour and another by the marina.**

VOCABULARIO

La traducción al inglés de **'datos personales'** es ***"contact details"***: nunca usamos la traducción literal *"personal data"* en este contexto.

PRONUNCIACIÓN

Ten cuidado al pronunciar el sustantivo incontable ***"merchandise"***, **'mercancía'**, **'mercadería'**. Has de pronunciarlo **/méechandaisss/** con una **'s'** fuerte al final.

6

SABER MÁS

Además de ***"to explain something to someone"***, también podemos decir ***"to run something by someone"*** para expresar **'explicarle algo a alguien'**.

¡Pon el CD!
Pista de audio
26

Gramática II

I'd rather you...

Cuando preferimos que otra persona haga algo, la estructura que solemos emplear es la siguiente:

I'd rather	+	pronombre sujeto	+	pasado simple
I'd rather	+	you	+	did it.
Yo preferiría	+	que tú	+	lo hicieras.

Como ves en la tabla de arriba, en esta construcción, casi siempre contraemos ***"I would rather"*** a ***"I'd rather"***.

Al intentar traducir frases del estilo **'Preferiría que lo hicieras tú'**, hay alumnos que dicen la versión incorrecta: *"I'd rather that you did it"*. Esta frase suena un poco más patatera ya que es una traducción más directa de su versión en castellano. ¡Sobra el *"that"*!

Por último, antes de que comiences con los ejemplos, recuerda que por regla general, a ***"I'd rather"*** + **sujeto** le sigue siempre el pasado simple del verbo que pienses emplear.

En las dos páginas siguientes, sólo vamos a trabajar frases que empiezan con ***"I'd rather"***, **'yo preferiría'**, así que esfuérzate en pronunciarlo /aidráaazaa/. ***"I'd rather"*** casi siempre va seguido del pasado simple. Fíjate en el primer ejemplo, en el que ***"I'd rather"*** va seguido del verbo ***"to be"***: casi siempre usamos ***"were"*** en lugar de *"was"*.

Preferiría que él estuviese aquí ahora.	**I'd rather he were here now.**
Preferiría que ella fuera a la reunión.	**I'd rather she went to the meeting.**
Preferiría que lo hicieras tú.	**I'd rather you did it.**
Preferiría que Manuela entregara las mercancías.	**I'd rather Manuela delivered the merchandise.**

En inglés **'mercancías'** es ***"merchandise"***, un sustantivo incontable.

Preferiría que hablaras tú en la rueda de prensa.	**I'd rather you spoke at the press conference.**
Preferiría que ellos lo terminaran.	**I'd rather they finished it.**
Preferiría que Paul hablara con ellos.	**I'd rather Paul spoke to them.**

La diferencia entre ***"to speak to"*** y ***"to speak with"*** es simplemente que ***"to speak with"*** es menos común y suena más formal que ***"to speak to"***.

Los pronombres en general pueden ser un poco desafiantes a veces y por eso hemos decidido mezclar nuestro punto gramatical ***"I'd rather"*** con una variedad de pronombres. Recuerda que frases como **'Yo preferiría que él se lo diera a ellos'** no se traducen directamente como *"I'd rather he gave them it"* sino ***"I'd rather he gave it to them"***.

Preferiría que tú se lo dieras (a ella)	**I'd rather you gave it to her.**
Preferiría que ella me lo explicara.	**I'd rather she explained it to me.**

Para ir practicando los pronombres en general, intenta traducir **'explícamelo'** al inglés... Si has dicho ***"explain it to me"***, lo has hecho muy bien.

Preferiría que él le diera el dinero (a ella).	**I'd rather he gave her the money.**
Preferiría que ellas nos lo volvieran a explicar.	**I'd rather they explained it to us again.**

Para expresar que se vuelve a hacer algo, sólo hay que colocar ***"again"*** al final de la frase.

Preferiría que él nos diera sus datos personales.	**I'd rather he gave us his contact details.**
Preferiría que ella le ofreciera el dinero (a él).	**I'd rather she offered him the money.**
Preferiría que ellos nos lo explicaran en inglés.	**I'd rather they explained it to us in English.**

VOCABULARIO

Existe el verbo ***"to eavesdrop"*** (pronunciado **/íivvvsdrop/**) que es parecido a ***"to overhear"***, pero que significa específicamente **'escuchar a escondidas'**, no por casualidad.

PRONUNCIACIÓN

Al pronunciar ***"overhear"*** y ***"overheard"*** no se tiene que oír en ningún momento la 'j' de Japón, sino una **'h'** suave y aspirada (como no nos cansamos de recordar).

SINÓNIMOS

Existe más de una manera de decir **'burlarse de...'**. Además de ***"to make fun of..."***, también se dice ***"to tease..."*** y ***"to wind up..."***, un *phrasal verb* que se entiende más como **'provocar'**.

¡Pon el CD!
Pista de audio
27

Si realmente quieres considerarte un alumno de nivel avanzado, tienes que ser capaz de cambiar de un verbo irregular a otro, y de un tiempo verbal a otro, en cuestión de segundos. ¡Pon el audio e intenta seguir nuestro ritmo!

Verbos Irregulares

"to fit" "to grow" "to overhear"

Caber/sentar bien	fit /fíttt/	fit /fíttt/	fit /fíttt/
Crecer/cultivar	grow /gróu/	grew /grúu/	grown /gróunnn/
Escuchar/oír por casualidad.	overhear /ouvvvahhhía/	overheard /ouvvvahhhéeddd/	overheard /ouvvvahhhéeddd/

El error más común a la hora de decir ***"fit"*** es pronunciarlo como si fuera ***"feet"***, **'pies'**, pero hay una diferencia importante entre ***"fit"*** y ***"feet"***. La **'i'** inglesa en ***"fit"*** es mucho más corta, así que no alargues la 'i' al pronunciarla.

Muchos alumnos, incluso los más avanzados, pronuncian el pasado simple de ***"to grow"*** (***"grew"***) así: /griú/. No seas uno de ellos y que digas siempre /grúu/ sin rastro alguno de la 'i'.

El verbo ***"to overhear"*** suena casi igual a ***"Over here!!!"***, **'¡Aquí, por aquí!'**. Dos típicos ejemplos de situaciones en las que se oye esta exclamación son: en las bodas, cuando la novia arroja un ramo de flores y las chicas gritan ***"Over here! Over here!"***; y en un partido de fútbol, cuando un jugador pide que le pasen la pelota diciendo ***"Over here! Over here!"***.

Aunque presentamos los verbos así, lo importante es trabajarlos en contextos reales. No sirve de nada memorizar los verbos si luego no eres capaz de manejarlos con soltura.

Da la casualidad de que oí lo que decían sobre ti.	**As it happens, I overheard what they were saying about you.**

¡Ah! Él ha crecido mucho desde la última vez que lo vi.	**Wow! He's grown so much since I last saw him!**

Por la manera en que ella me mira, creo que debe haber oído nuestra conversación.	**By the way she's looking at me; I think she must have overheard our conversation.**

¿Cupo eso en el armario?	**Did that fit in the closet?**

En inglés británico, **'armario'** es ***"wardrobe"***, que de hecho es más parecido a **'guardarropa'** en castellano.

Qué extraño; cupo la última vez que intenté meterlo.	**That's strange; it fit the last time I tried to put it in.**

El verbo ***"to fit"*** pertenece a un grupo de verbos exclusivos, porque puede ser irregular o regular. O sea, sería perfectamente correcto decir: ***"it fitted the last time I tried..."***.

Este vestido me quedaba bien el año pasado. Debo haber ganado peso.	**This dress fit me last year. I must have put on weight.**

Cuando hablamos de ganar peso, utilizamos el verbo compuesto ***"to put on"*** mucho más que ***"to gain"***.

Para esta segunda página, hemos subido el listón un poco con gramática ligeramente más compleja además de un poco más de vocabulario. Ponte a prueba a ver qué tal traduces todas estas frases y si cometes fallos, subraya las versiones correctas y practícalas hasta memorizarlas.

Pobre Ignacio; intentó subir a la parte de atrás de mi coche, pero no cupo.	**Poor Ignatius; he tried to get into the back of my car, but he couldn't fit.**

Se puede traducir esta frase con *"he didn't fit"*, pero tenemos la costumbre de enfatizar el hecho de que uno **'puede hacer algo o no'**; por eso aquí es más apto decir *"he couldn't fit"*.

Si él hubiera comido más verduras, habría crecido en la dirección correcta.	**If he had eaten more vegetables, he would have grown in the right direction.**
Intenté llevar una hoja de afeitar, pero no cupo en mi mochila.	**I tried to pack a razor, but it didn't fit into my backpack.**

También existe el sustantivo *"rucksack"* para denominar **'mochila'**. No es muy común oírlo en EEUU, pero sí en los otros países de habla inglesa.

Mi barba creció hasta alcanzar un metro.	**My beard grew to a metre long.**
Por casualidad oí a mis compañeros burlarse de mí.	**I overheard my colleagues making fun of me.**
¿Cómo cupiste en el armario?	**How did you fit into the cupboard?**
¿Has cultivado nabos alguna vez?	**Have you ever grown turnips?**

EXPRESIÓN

Existe la expresión ***"to cause a stir"*** que significa **'causar un revuelo'**. Un contexto típico en que se podría usar es: ***"He caused a stir when he refused to wear a suit to his wedding"***, **'Él causó un revuelo cuando se negó a ponerse un traje a su boda'**.

8

SABER MÁS

"Stir-crazy" es un adjetivo que significa **'inquieto/a'** o **'ansioso/a'**, como cuando **'te subes por las paredes'** porque llevas mucho tiempo algún sitio, como en casa, y no puedes salir. También puedes decir que tienes ***"cabin fever"***, cuando te puede el aburrimiento en estos casos.

SINÓNIMOS

Existen otras maneras de decir ***"to tell you the truth"***, como: ***"to be honest with you"***, o si prefieres, puedes decir: ***"to be honest"*** sin *"with you"*.

Comprensión Auditiva

Una de las claves del éxito para aprender cualquier idioma es la capacidad de entender y ser entendido. Si no tienes una buena comprensión auditiva del inglés, no podrás usarlo en el mundo real, lejos de la comodidad que proporcionan las aulas.

En este *Paso* te pondremos a prueba cada semana con la locución de un texto en inglés cotidiano. Primero, pon el audio y mientras lo escuchas, intenta contestar a las cinco preguntas de esta página. Después, en la página siguiente, lee dicho texto en inglés y las anotaciones que te ofrecemos. Si es necesario, vuelve a escuchar el audio y contesta cualquier pregunta que no hayas sabido responder antes. Para terminar, en la página **129**, puedes encontrar la traducción del párrafo al castellano y las respuestas a las preguntas de abajo. ¡Compruébalas!

1. **What has Vincent noticed?**

2. **What's he always done since he started drinking coffee?**

3. **How would Vincent's British friends say "from right to left"?**

4. **Does Vincent still stir his coffee?**

5. **How does he have his coffee now?**

Vincent:

You know, I've noticed that everyone in this country stirs their coffee from left to right, that is, clockwise. Ever since I started drinking coffee I've always stirred it from right to left, counter-clockwise, or as my British friends would say, anticlockwise. Well, to tell you the truth, I don't stir coffee any more. For the past two years I've only been drinking black coffee... with no sugar and with no milk or cream.

stirs

No es la primera vez que utilizamos este verbo pero parece tan tentador traducir **'remover'** por ***"remove"***, que volvemos a hacer hincapié en él. El verbo ***"to remove"*** significa **'quitar'**. ¡No te quites el café de en medio cuando lo que pretendes es removerlo! *"Stir"* se pronuncia /sssstée/, mientras que su pasado, *"stirred"*, se pronuncia /ssstéeddd/.

clockwise/ counterclockwise or anticlockwise

En inglés hemos inventado tres palabras que nos ahorran mucho tiempo: *"Clockwise"*, que significa **'en el sentido de las agujas del reloj'** y *"anticlockwise"* o *"counterclockwise"*, que es nuestra forma (mucho más corta) de decir **'en el sentido contrario al de las agujas del reloj'**.

Ever since

Es muy común traducir **'desde que'** por *"ever since"*, sobre todo cuando empieza una frase. ***"Ever"*** no es necesario, pero resulta más enfático y atrae el interés de nuestro interlocutor.

black coffee

La traducción literal de **'quiero un café solo'** es ***"I want a coffee alone"***. Pero decirle al hombre de detrás de la barra que quieres tomar tu café a solas, no creo que le interese mucho. **'Un café solo'** se dice *"a black coffee"* y cada vez más *"an espresso"*. Cuando quieres tomarlo con leche, debes pedir *"white coffee"*, pero cuando se trata de tomar más o menos leche, el inglés no ha llegado al mismo grado de sofisticación que el castellano. Lo normal es que la persona que sirve la leche te diga: *"say 'when'"*, que es la indicación que hay que dar cuando tienes suficiente leche: *"When!"* (**'¡Ya!'**).

Vincent:

Sabes, he notado que todo el mundo en este país remueve el café de izquierda a derecha, esto es, en el sentido de las agujas del reloj. Desde que empecé a beber café siempre lo he removido de derecha a izquierda, en el sentido contrario al de las agujas del reloj, o como dirían mis amigos británicos, anti-agujas del reloj. Bueno, a decir verdad, ya no remuevo café. Llevo bebiendo café solo durante los dos últimos años... sin azúcar y sin leche ni nata.

1. **What has Vincent noticed?**
   He's noticed that everyone in this country stirs their coffee from left to right, that is, clockwise.
2. **What's he always done since he started drinking coffee?**
   He's always stirred it from right to left.
3. **How would Vincent's British friends say "from right to left"?**
   They'd say "anticlockwise".
4. **Does Vincent still stir his coffee?**
   No, he doesn't stir his coffee anymore.
5. **How does he have his coffee now?**
   He has it black; with no sugar and with no cream or milk.

Si te perdiste alguna pregunta de la primera página de este *Paso*, vuelve a poner el audio e inténtalo de nuevo. Estamos seguros de que esta vez tendrás mucha más facilidad para contestarlas.

RECORDATORIO...

Aunque existe la palabra ***"cable"*** en inglés, solemos utilizarla para describir cables gruesos que contienen otros cables más pequeños. Los cables que todos manejamos en casa suelen ser ***"wires"***.

PUNTO CLAVE...

Aunque a veces las traducciones en castellano de esta estructura no suenen naturales, en inglés sí queda normal hablar por ejemplo de: ***"30 euros' worth of candy"***, que sería **'30 euros en golosinas'** o **'golosinas por valor de 30 euros'**.

SINÓNIMOS...

En uno de los ejemplos se ve cómo usamos ***"to write off"*** cuando se trata de **'cancelar una deuda'**. También podríamos haber usado ***"to pay off"***; ***"We paid off our mortgage last month"*** significa **'Liquidamos nuestra hipoteca el mes pasado'**.

¡Pon el CD!
Pista de audio
29

Números... ¡A paso ligero!

A thousand pounds' worth of...

Existe una forma muy recurrente que empleamos en inglés coloquial cuando queremos indicar el valor de algo en términos de dinero.

Cuando, por ejemplo, sabes cuánto quieres gastar en algo pero no sabes exactamente el peso, medida o volumen, puedes decir la cantidad de dinero que quieres gastar y añadir las palabras *"worth of"* seguidas del objeto en cuestión. Por ejemplo, *"I would like ten euros' worth of beef, please"*, **'Querría diez euros de ternera, por favor'**.

Si la cantidad, como en el ejemplo de arriba, es plural (*"ten euros"*), colocamos el apóstrofo del genitivo sajón después de la **'s'**. Si habláramos de *"one euro"*, omitiríamos el apóstrofo: *"I would like one euro worth of beef, please"*, **'Querría un euro de ternera, por favor'**.

Por otro lado, algunos nativos usan *"worth of"* después de una cantidad de peso, longitud, volumen etcétera. Aunque este uso es mucho menos común que el uso de *"worth of"* después de una cantidad de dinero, aquí veremos ejemplos de este tipo de construcción también.

Lee los ejemplos en castellano y en inglés; luego tapa el inglés e intenta traducir las frases. Toma nota de los errores y vuelve a intentarlo en media hora. ¡A ver cuánto has mejorado la segunda vez!

¡Él compró puros por valor de cinco mil libras esterlinas!	**He bought five thousand pounds' worth of cigars!**

Quiero unos tres metros de tela, por favor.	**I'd like three metres' worth of material, please.**

Normalmente, cuando empleamos la palabra *"material"* en singular nos estamos refiriendo a **'tela'**.

Necesito unos treinta kilos de patatas para la receta.	**I need thirty kilos' worth of potatoes for the recipe.**

Él comió un kilo de pasta. ¿Te lo puedes creer?	**He ate a kilo worth of pasta. Can you believe it?**

Compara los dos ejemplos de arriba y fíjate en que en el segundo no utilizamos el genitivo sajón, al tratarse de *"a kilo worth"* y no *"kilos' worth of pasta"*.

Amy compró joyas por valor de unas tres mil libras esterlinas en la feria.	**Amy bought three thousand pounds' worth of jewellery at the trade fair.**

En inglés americano *"jewellery"* se escribe *"jewelry"*.

Ve a comprar veinte libras de tela de este color.	**Go and buy twenty pound's worth of this colour cloth.**

"Cloth" aquí es un sinónimo de *"material"* y también significa **'trapo'** o **'bayeta'**, por ejemplo.

Seguimos trabajando varios usos de la estructura que nos ocupa. Ten en cuenta que la palabra ***"worth"*** se pronuncia **/uéez/** y no /uórz/.

Compraron dos mil dólares de cable telefónico.	**They bought two thousand dollars' worth of telephone wire.**

"Wire" se pronuncia **/uáiya/**. Contiene dos sílabas igual que sus primas: ***"fire"*** **/fáiya/** y ***"tire"*** **/táiya/**.

Creo que vamos a necesitar unos diez metros de material de valla.	**I think we're going to need at least ten metres' worth of fencing.**

"Fencing" es el material que usamos para hacer *"a fence"*, **'una valla'**.

Como necesito comprar unos cien euros de tornillos, ¿me hace un descuento?	**As I need to buy around a hundred euros' worth of screws, will you give me a discount?**
La policía se incautó de medio millón de dólares en cocaína de las instalaciones.	**The police seized half a million dollars' worth of cocaine from the premises.**
Este trimestre se han cancelado diez mil libras de deudas incobrables.	**Ten thousand pounds' worth of bad debt has been written off this quarter.**
Usan miles de euros en tomates cada año en 'La Tomatina'.	**They use thousands of euros' worth of tomatoes every year in the "Tomatina".**
Le han hecho (a ella) cirugía plástica por valor de unos 200.000 dólares.	**She's had about 200,000 dollars' worth of plastic surgery.**

NI SE TE OCURRA...

Decir ninguna barbaridad del estilo *"I prefer go to the cinema"*. Recuerda que después de ***"to prefer"*** has de emplear el infinitivo con ***"to"*** o el gerundio. De todos modos, lo más común al hablar de generalidades es utilizar el gerundio

NO OLVIDES QUE...

"To be getting at" se suele usar con ***"getting"*** en forma continua (con ***"-ing"*** al final) y que ***"to be trying to get at"*** es otra forma de decir lo mismo: **'querer decir'**.

10

ESFUÉRZATE EN...

Usar el pasado simple y no el presente después de ***"I'd rather you..."***, por ejemplo: ***"I'd rather you studied English"***, **'Preferiría que estudiaras inglés'**.

¡Pon el CD!
Pista de audio
30

¡El rePaso!

¡Ha llegado la hora del test final! El repaso continuo es la clave del éxito y nunca lo podemos olvidar. ¿Has logrado hacerte con todas las palabras, estructuras y sonidos de esta entrega? No sólo se trata de entenderlas, sino también de reproducirlas con confianza y soltura.

Para los tres primeros ejemplos, lee lo que pone en la columna de la izquierda y di que prefieres lo que está puesto en la segunda casilla.

I like the summer.	Di que prefieres el invierno.	**I prefer the winter.**
I like sweet things.	Di que prefieres cosas saladas.	**I prefer savoury things.**
I like travelling by plane.	Di que prefieres viajar en tren.	**I prefer travelling by train.**

Cuesta acostumbrarse a llevar corbata.	**Wearing a tie takes some getting used to.**
Cuesta acostumbrarse a ser padres.	**Being a parent takes some getting used to.**
Cuesta acostumbrarse a los refrescos light.	**Diet soft drinks take some getting used to.**

Curioso pero cierto. Aunque *"light"* sea una palabra inglesa, no se emplea en este contexto en inglés. Para los refrescos decimos *"diet"*.

No quiero comprometerme de momento.	**I'd rather not commit myself for the time being.**

No quieres tener que levantarte temprano mañana.	**I'd rather not have to get up early tomorrow.**
Lo siento, no estaba segura de lo que querías decir.	**I'm sorry; I wasn't sure what you were getting at.**
No tenía ni idea de lo que (él) quería decir, así que colgué el teléfono.	**I had no idea what he was getting at, so I hung up the phone.**
No tengo ni idea de lo que quieres decir; ¡deja de hablar con rodeos!	**I've got no idea what you're trying to get at; stop speaking in riddles!**

"A riddle" es **'un acertijo'**.

¿Ella te dijo que te esperaría en el puerto deportivo o frente al embarcadero?	**Did she tell you that she would wait for you at the marina or opposite the pier?**
No me acuerdo de si ella me dijo que se encontraría conmigo al lado del puerto o en el espigón.	**I can't remember if she said she would meet me by the harbour or on the jetty.**

En ingles británico escribimos *"harbour"* mientras que en Estados Unidos omiten la **'u'** y lo escriben *"harbor"*.

Bert dijo que había oído una fuerte explosión en el espigón.	**Bert said he'd heard a loud bang on the jetty.**
Preferiría que Paul hablara con ellos.	**I'd rather Paul spoke to them.**

La diferencia entre *"to speak to"* y *"to speak with"* es simplemente que *"to speak with"* es menos común y suena más formal que *"to speak to"*.

Preferiría que ella me lo explicara.	**I'd rather she explained it to me.**
Preferiría que ella le ofreciera el dinero (a él).	**I'd rather she offered him the money.**

¿Cupo eso en el armario?	**Did that fit in the closet?**

El verbo *"to fit"* pertenece a un grupo de verbos exclusivos, porque puede ser irregular o regular. O sea, sería perfectamente correcto decir: *"it fitted the last time I tried..."*.

Por la manera en que ella me mira, creo que debe haber oído nuestra conversación.	**By the way she's looking at me; I think she must have overheard our conversation.**
¿Has cultivado nabos alguna vez?	**Have you ever grown turnips?**
Todo el mundo en este país remueve el café de izquierda a derecha, esto es, en el sentido de las agujas del reloj.	**Everyone in this country stirs their coffee from left to right, that is, clockwise.**
Durante los dos últimos años he estado bebiendo café solo.	**For the past two years I've been drinking black coffee.**
Amy compró joyas por valor de unas tres mil libras esterlinas en la feria.	**Amy bought three thousand pounds' worth of jewellery at the trade fair.**
Como necesito comprar unos cien euros de tornillos, ¿me hace un descuento?	**As I need to buy around a hundred euros' worth of screws, will you give me a discount?**
Quiero unos tres metros de tela, por favor.	**I'd like three metres' worth of material, please.**

Un consejo: Si no dedicas un mínimo de **20 minutos al día** durante toda esta semana para consolidar tus conocimientos, acabarás desperdiciando todo el esfuerzo que has hecho en los últimos diez *Pasos*. REMEMBER: ¡20 minutos al día!

Notes

Notes

Notes